Ⓢ新潮新書

福冨健一
FUKUTOMI Kenichi

日本共産党の正体

JN152617

803

新潮社

日本共産党の正体◆目次

〈写真出典　掲載頁〉
国立国会図書館ウェブサイト　二二、一二九頁
GRANGER／時事通信フォト　三三頁
共同通信社　四三、二二〇頁
時事通信社　九一、一四六、一七二頁

われわれは何らむくいられることを期待することなき献身をもって、全人民大衆の生活の安定と向上のためにたたかうであろう[1]。

『獄中十八年』徳田球一

共産主義諸国はもっとも激烈な反植民地主義のことばを使っているが、数千万の人びとを奴隷としてきている。社会主義という語を誤用することにより、その一党独裁政治は、実際上、言論、宗教、評論、自発的結社の自由および民主的社会としての本質をつらぬく外部世界との接触の自由を否定するという専制をつくりだしている[2]。

「オスロ宣言――こんにちの世界、社会主義の展望」一九六二年六月四日

はじめに

過日、ロンドンから車で一時間ほど走り、デーヴィッド・キャメロン首相など多くの著名人を輩出しているイートン校を訪れました。ヘンリー六世が一四四〇年に創設した全寮制の中高一貫校で、生徒たちは映画「ハリー・ポッター」シリーズに出てくる城のような校舎で学び、荘厳なチャペルで毎日礼拝を行っています。学業とジェントルマン教育、宗教が一体となっているのです。これは日本のように厳しい受験戦争を乗り切り、時には塾に通い社会に旅立つ教育とは大いに異なっています。

このように子供たちの教育を見ただけでも、欧米と日本では差異があります。明治以降、欧米に倣ったとはいえ、日本の常識が実は世界の常識と大きく異なっている例が多々あるのです。共産主義や共産党に対する考え方や常識も、教育と同じように日本と欧米では大きく異なっています。

「二〇世紀における人類の共産主義との遭遇ほど、無意味で大きな犠牲を引き起こしたものはなかった[3]」

と、国際政治学者のズビグネフ・ブレジンスキーは共産主義の危険性を指摘しています。日本と違い共産主義思想そのものを批判しているのです。犠牲の例として、「スターリン時代の犠牲者の数は、詳細にはわからないだろうが、二〇〇〇万人をくだらず、おそらくは四〇〇〇万人に近いと見積もっていいだろう」と具体的数字をあげています。中国などを加えると「少なくとも五〇〇〇万人」が犠牲になったと積算しています[4]。

米国大統領のドナルド・トランプは、ロシア革命から一〇〇年にあたる二〇一七年十一月七日、

「前世紀から、世界の共産主義者による全体主義政権は一億人以上の人を殺害し、それ以上の数多くの人々を搾取、暴力、そして甚大な惨状に晒しました。……今も共産主義の下で苦しむすべての人々に思いを寄せます」

と、共産主義によって自由を奪われている人々の悲劇に目を向けるよう促しています[5]。ブレジンスキーもトランプも共産主義思想そのものを批判しているのです。

ところが日本では、思想・信条の自由は常に正しいと信じ込んでいるからか、批判の

対象とすることを忘れ、共産主義は定着しています。かつて日本社会党は「長い間、党員数が三万から五万のあいだに低迷していた[6]」にもかかわらず、日本共産党員は三〇万人を超えています。しかも、先進国で唯一、共産党が国会で多くの議席を持ち、参院選の比例票の目標を「八五〇万票、一五％以上」と掲げるまでに党勢が拡大しているのです。日本共産党は、野党と共闘して国民連合政府をつくると主張しています。仮にこの目標が達成されるなら、共産党との連立政権が実現する危険性さえあるのです。

共にハーバード大学教授のスティーブン・レビツキーとダニエル・ジブラットが「民主主義の死は選挙から始まる[7]」と述べるように、憲法や法律で守られているはずの民主主義は、選挙によって合法的にその国の民主主義を破壊し、全体主義や覇権主義になる危険性を常に内包しているのです。

日本で共産党が定着している背景に、共産主義について多くの人々が無関心なこと、日本共産党が国会議員、地方議員、党員、関係団体を有し共産主義は日本社会の様々な組織に広く浸透していること、共産主義や共産党批判には勇気がいることがあげられます。特に、ソ連崩壊以降、日本ではブレジンスキーやトランプと違い共産主義や共産党から目を背け、共産党批判をためらうようになってしまったのです。

日本共産党の議員数は、国会議員は二〇一八年十月現在、衆参で二六名（衆議院一二名、参議院一四名）、地方議員は二〇一七年十二月現在で、二七五四名（都道府県議会一四九名、市区町村議会二六〇五名）[8]もいます。これだけ多くの議員を抱えている共産党は、明らかに大きな政治力を持っています。自由民主党のみならず共産党を知ることは、日本の民主主義の健全性を維持し、民主主義を守るために不可欠なのです。日本共産党を知らずして日本の政治は語れないと言えるでしょう。

私は自民党などの政務調査会に長年在籍したことで、河合栄治郎や恩師の関嘉彦、山本勝市、佐野学、高村坂彦の思想や人間像を知り、その関係者と出会うという幸運に恵まれました。これらの人たちはいずれも共産主義、国家主義という左右の全体主義と闘った闘士です。戦前、河合は『ファシズム批判』などで東大を追われ、山本は『計画経済批判』で文部省の研究職を解任させられました。もともと共産党員だった佐野は転向し、出獄後『唯物史観批判』を執筆しています。高村は内務省出身で、戦後、吉岡信政のペンネームで『日本共産党の解剖』などを記し、豊富な資料や体験をもとに共産党の実態を明らかにしています。なお、外務大臣などを務めた高村正彦は、高村坂彦のご子息に当たります。

本書は、世界では共産主義にどう対応したのか、共産主義とは何か、なぜ危険なのか、共産党と自民党の党組織はどう違うのか、日本ではなぜ共産主義が浸透したのか、日本共産党綱領の要点は何かなど、できるだけ平易に解説しています。それぞれのテーマは、重なるところもあるので、記述が重複するところもありますが、どこから読んでもある程度理解が進みやすいように心がけたため、あえてそのようにしました。その点はご容赦ください。また、本書は敬称を略させて頂きました。

それでは、共産主義とは何か、共産党とは何か、一緒に考えていきましょう。

第一章　共産主義とは、独裁政治である

1　共産主義を拒否した欧米

西ドイツでは憲法違反

日本と違い、欧米ではフランスを除きほとんどの国で、共産党は国会に議席を持っていません。二〇世紀は、共産主義の誕生と死滅を目撃した世紀といわれています。ロシア革命に始まり、一時は「東風が西風を圧する」と共産主義諸国が自由主義諸国を制圧するといわれました。

しかし、第二次世界大戦後、スターリンのソ連共産党の東欧への強引な武力侵入やファシズム体制を見て、西欧諸国では多くの人々が「共産主義とは全体主義である」と見なすようになりました。そのため、国家を分断された西ドイツでは共産党を憲法違反と

し、イギリス労働党やドイツ社民党など西欧の社会主義政党は、共産主義を排除した社会主義を目ざします。社会主義には、共産主義を排除した社会主義と、共産主義を容認した社会主義があります。日本社会党には、労農派マルクス主義を掲げた協会派などがあり共産主義を容認していました。日本に二大政党制が定着しないのは、かつての日本社会党のように社会主義政党から共産主義を排除できないことが大きな要因となっています。大多数の国民は、資本主義や日米安全保障条約を否定する共産主義政権は望んでいないでしょう。

一九五四年八月二十二日、『ニューヨーク・タイムズ』は、共産党を非合法化している国を調査しています。同紙によると非合法化の程度は様々ですが、非合法化（Outlawed）している国は、アメリカ、スペイン、韓国など約四〇カ国にも及んでいます。違法ではないが制限している（Legal but Restricted）国は、西ドイツなど多数あります。

象徴的な事例として、西ドイツの例を見てみましょう。憲法であるドイツ基本法は、

第二一条第一項　政党は、国民の政治的意思形成に協力する。その設立は自由である。……

第二項　政党で、その目的または党員の行動が自由で民主的な基本秩序を侵害もしくは除去し、または、ドイツ連邦共和国の存立を危くすることを目指すものは違憲である[9]。……

と規定しています。基本法は、第一項で政党の設立の自由を保障しています。そのため、ナチスやソ連共産党のように、自由と民主主義を破壊する全体主義の政党、独裁政治を招く政党が誕生する危険があります。そこで第二項で「政党の設立の自由」の例外として、自由や民主主義を壊す政党、ドイツを危険にさらす政党の設立は認めません、憲法違反ですよ、としたのです。

ドイツ憲法裁判所は、ドイツ共産党に対し、マルクス・レーニン主義を掲げていることと、政党の方針が自由・民主主義を破壊しようという意図があることから、犯罪行為がないとしても憲法違反の政党であると判断を下したのです。ナチスのような政党や独裁者が現れないように、自由と民主主義を守るために欧米諸国では、日本と違い国家として厳しい対応を行っているのです。これは一般に「闘う民主主義」と呼ばれています。簡単に言えば、自由や民主主義を否定するような自由、権利は認めないという立場です。

共産党を非合法化している国々

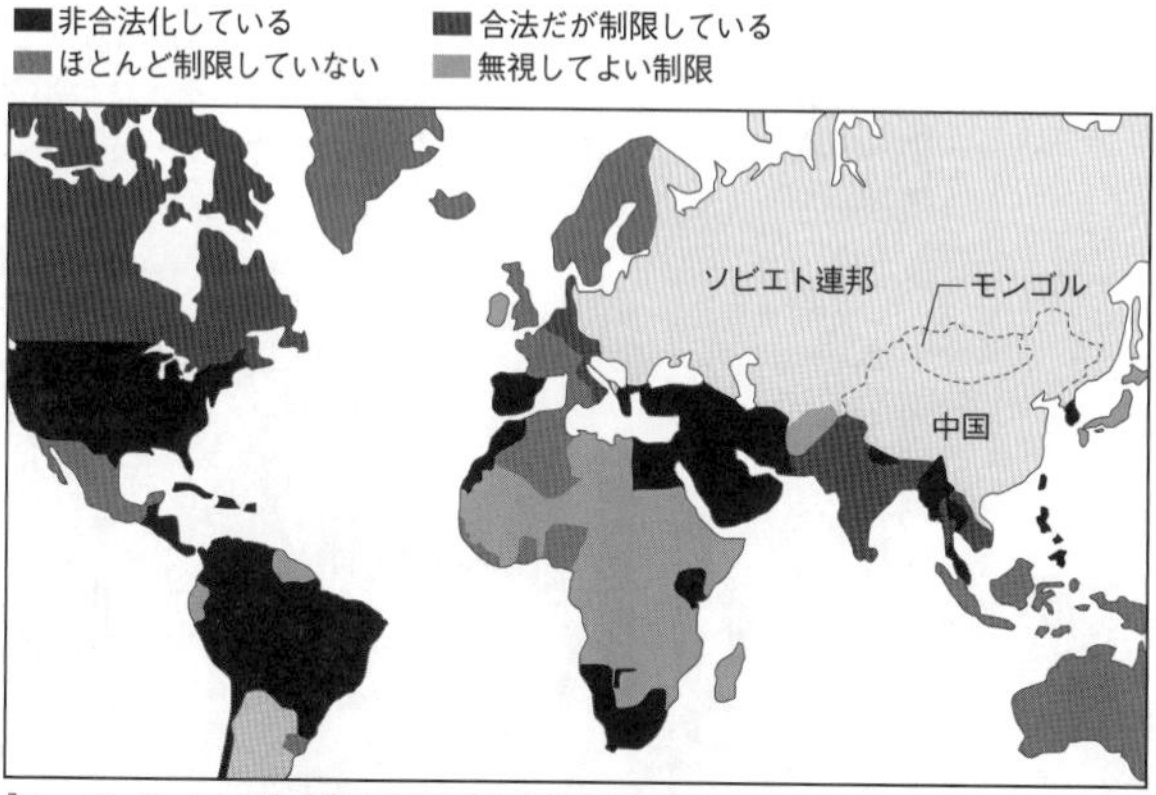

『ニューヨーク・タイムズ』STATUS OF COMMUNIST PARTY OUTSIDE SOVIET BLOC
（1954年8月22日をもとに作成）

西ドイツでは、共産党だけでなく反ユダヤ主義を掲げたナチスの後継政党であるライヒ党に対しても（ライヒ党は連邦議会に二議席有していましたが）、憲法裁判所は、一九五二年に党の解散、議員資格の喪失を命じています。西ドイツについては、第六章で詳述します。

ちなみに韓国でも、大韓民国憲法は、

第八条第四項　政党の目的および活動が民主的基本秩序に違背するときは、政府は、憲法裁判所にその解散を提訴することができ、政党は、憲法裁判所の審判により解散される[10]。

とドイツ基本法と同様の規定を置いています。これをもとに二〇一四年、韓国の憲法裁判所は統合進歩党に対し、北朝鮮に同調して韓国の基幹施設を破壊しようとしたことから同党の解散を命じています。

アメリカでは法律がいくつも定められています。『米英の共産党政策[11]』によれば、共産主義に対抗するための法律として一九四〇年スミス法、一九四七年タフト・ハーレー法、一九五〇年マッカラン法、一九五四年共産党取締法などがあります。

粛清と殺戮

前述のブレジンスキーは、「共産党政権の権威は残虐な弾圧政策で保たれている」と『大いなる失敗』で述べています。ブレジンスキーによると、ソ連で殺戮された人の数は、革命期処刑者一〇〇万人、革命後処刑者二〇〇万人、貴族資本家等一〇〇万人、富農階級五〇〇万人、強制移住死亡者一〇〇〇万人、粛清された共産主義者一〇〇万人、中国や東欧で失われた人命を加算すれば五〇〇〇万人を下らないとのことです[12]。同様にユン・チアンとジョン・ハリデイは『マオ[13]』で、「毛沢東は、七〇〇〇万有余という数の国民を平時において死に追いやった」、ステファヌ・クルトワとニコラ・ヴェルトは『共産主義黒書』[14]で「ソ連二〇〇〇万人、中国六五〇〇万人」が粛清・殺戮されたと述べています。

現在、共産主義の国は、中国、キューバ、北朝鮮、ベトナム、ラオスの五カ国のみです。主要先進国で共産党が国会で議席を持っている国は日本とフランスのみで、しかも「モスクワの長女」と呼ばれたフランス共産党は、イタリア共産党が共産党の党名を捨て左翼民主党に変えたように、共産党の党名変更さえ議論し衰亡の危機にあります[15]。

2　共産党非合法化を拒否した吉田茂

進歩的文化人の出現

それでは、なぜ先進国で日本のみ今なお共産主義が浸透し、共産党が多くの議席を持っているのでしょうか。その発端は、吉田茂の決断にあります。

終戦の翌年、一九四六年五月十九日の食糧メーデーには、二五万人のデモが皇居に押しかけ、一〇〇〇万人餓死説が流布し、革命前夜を思わせるほど共産主義の影響が国内を覆っていました。

戦禍に打ちひしがれ食うや食わずの状態だった国民には、政治への不満が溜まってい
ました。そのため共産主義の世の中になれば、全員が平等で豊かになる、平和が訪れる
という幻想が浸透しやすかったのです。

東大経済学部では、自由主義者の河合栄治郎が亡くなり、国家主義の土方成美は追放
され、共産主義者の大内兵衛が残ります。戦後の論壇は、『世界』（岩波書店）が創刊さ
れるなど共産主義に強いシンパシーを持つ容共の進歩的文化人が活躍します。東大総長
の南原繁、丸山眞男、中野好夫など進歩的文化人は、米軍基地反対、ソ連も含む全面講
和を掲げ、日本の世論は左傾化します。

進歩的文化人という言葉の由来について触れておきましょう。進歩的文化人という言
葉を最初に用いたのは、一九五四年十一月二十五日の読売新聞に掲載されたエッセイ
「進歩的文化人への批判」を書いた福田恆存ではないかと一般に言われています。しか
し、竹内洋の『革新幻想の戦後史』は、『文藝春秋』の一九五四年二月号に「進歩的文
化人諸君！」（高橋義孝）という論稿が掲載され冒頭に「『進歩的文化人への警告』とい
うような題目で何か書け」という依頼で書いたことを紹介しており、文藝春秋編集部が
進歩的文化人という言葉を最初に用いたと解説しています[16]。さて、そんな状況の中、

河合門下の猪木正道や土屋清、筆者の恩師である関嘉彦たちが、進歩的文化人の容共思想から日本を守ろうと「社会思想研究会」を立ち上げます。丸山眞男門下の東大助教授の坂本義和は「中立日本の防衛構想」で中立論を掲げ脚光を浴びます。一方、猪木正道門下の京大助教授の高坂正堯は、坂本の中立構想を批判し日米同盟を重視する論を展開します。

終戦の翌年、一九四六年四月十日、戦後最初の衆議院総選挙が行われ各党の議席は、自由党一四〇、進歩党九四、社会党九二、協同党一四、共産党五です。

選挙結果を受け首相の幣原喜重郎は、自由党総裁の鳩山一郎が後継首相に就任するのが当然と考え、天皇に奏薦する予定でした。ところが、五月四日、突然、鳩山は公職追放となり吉田が後継首相となります。吉田は、一八七八年（明治十一年）生まれで、東大卒業後外務官僚になり、英国大使などを務め英米協調路線を信条とするなどの国際感覚を持っていました。この吉田の国際感覚を国際政治学者の高坂正堯は、「商人的国際政治観」と表現しています。

GHQも一枚岩ではなかった

占領の初期、GHQ（連合国軍最高司令官総司令部）は必ずしも共産党に対して厳しい姿勢ではありませんでした。内部は容共的なGS（民政局）と反共主義のG2（参謀第二部）が激しく対立していたのです。民政局長はコートニー・ホイットニー准将、参謀第二部長はチャールズ・ウィロビー少将です。

吉田茂（1878-1967年）

ウィロビーは、「GSは、日本自由党総裁・鳩山一郎の追放も狙っていた」「日本の共産党がGSになにかと鳩山の〝情報〟を伝えていた形跡がある[17]」と記しています。ウィロビーは四七年に「GHQへの左翼主義者の浸透状況」を調査し、「太平洋問題調査会」、雑誌『アラメシア』で活動した共産主義者、ソ連の市民権を持った職員など、共産主義者やその関係者を報告しています。『アラメシア』はスパイ行為で有罪となった雑誌です。

吉田は首相になった当時について、「私の第一次組閣は、共産主義者に指導された暴徒によって、実力的に妨害され、赤旗に囲まれ、革命歌の裡に内閣を組織したといって過言でない[18]」と語っています。背景には容共的だったGHQ民政局の存在がありました。占領初期は、GHQ民政局の影響が強く共産主義が急激に浸透するのです。

一九四六年の後半になると逼迫した食糧事情のもと、共産党の活動が活発になり労働争議が激増します。十二月十七日には、吉田内閣打倒を掲げ皇居前広場に五〇万人が集結しました。GHQの日本の弱体化を目ざした占領政策と食糧難、インフレなどが重なり、社会不安が高まります。

そんな中、多くの国民は無謀な戦争を反省し、共産主義に対し民主主義と同義語のように期待しました。その結果、共産主義は燎原の火のごとく都市や大学、工場、鉱山、農村に広まっていったのです。筆者が三〇代の頃から長年薫陶を受けていた衆議院議員の小平忠は、終戦の翌年、司令官の今村均のもとで戦ってきたラバウルから帰国したときの情景を回想し、

「全農は全国農村を赤化せよのアジビラと赤旗であふれていた」

と筆者に幾度も語ってくれました。その後、小平は左派全農職員労働組合や農村の現場で共産主義を阻止する闘いを続けます。小平のように労働組合や工場、農村などの現場で敗戦のショックから立ち上がり、日本の将来のために黙々と闘ってきた多くの先人

達がいたからこそ、日本の自由、民主主義、現在の繁栄があるのです。

社会党政権の誕生と消滅

一九四七年二月一日、「二・一ゼネスト」が予定され、革命前夜が到来したかのような雰囲気に包まれます。全国規模で鉄道、電気などインフラに関係する労働者もストを実施するという計画でした。無期限の可能性もあったため、実現すれば大混乱は必至です。

これに対しダグラス・マッカーサーが一月三十一日、ゼネスト中止令を出したため、ゼネストは中止されます。占領初期の吉田は、マッカーサーやウィロビーと親密な関係を構築し、皇室を守り、食糧難をアメリカからの援助でしのぎ、過激化する労働争議、敗戦革命論や共産主義から日本を守ります。

四月二十五日、総選挙が行われ各党の議席は、社会党一四三、自由党一三一、民主党一二四、国民協同党三一、共産党四となり、社会党の片山哲が首相となります。社会党政権が誕生したことについてウィロビーは、「(一九四七年五月二十四日に片山内閣、さらに一九四八年二月二十一日に芦田内閣というふうに)相ついで革新内閣が誕生すると、

GSは大喜びであった[19]」と述べています。芦田均は、英語とフランス語に堪能な外交官出身で、国際政治学者の細谷雄一は、「戦後間もない時期の日本政治の舵取りは、幣原、吉田を経て、芦田という三人目の元外交官の手腕に委ねられていた[20]」と述べています。

しかし芦田内閣は、社会党の左右対立、昭和電工疑獄事件、西尾末広の国務相辞任などで七カ月の短命政権で終わり、一九四八年十月十九日、第二次吉田内閣が成立します。

ここで社会党と共産党の違いを見てみましょう。日本共産党は、「マルクス・レーニン主義を行動の指針とする」（一九五八年党規約）とあるように、民主集中制のもと一致団結して社会主義・共産主義社会の実現を目指す政党です。ところが、日本社会党は一九四五年十一月二日に結党し、当初からソ連のような共産主義社会を指向する左派とイギリス労働党のように資本主義のもとでの社会主義を目指す右派で構成されていました。そのため党は左派社会党と右派社会党に分裂してしまいますが、一九五五年十月十三日、日本社会党に再統一します。社会党は結党当初から左右の対立を抱えていたため、派閥抗争が絶えなかったのです。社会党が野党第一党の体面を保てたのは、「全国に満遍なく存在する官公労傘下の公務員が社会党の弱い組織力を補い、分不相応の得票を社会党に与えていた」からと言われています[21]。

社会主義、保守主義の起源

「若くしてリベラルでない者は情熱が足りない、ある程度の歳になって保守主義でないなら思慮が足りない」などと言われます。ここでは、さらに脱線して社会主義と保守主義の起源について簡単に解説します。

「社会主義的な思想の起源は、フランス革命にある[22]」と言われるように、社会主義はフランス革命を起点として成長します。一七世紀後半から一八世紀のヨーロッパでは、王権神授説に代わりジャン＝ジャック・ルソーの社会契約説などの啓蒙思想が台頭します。啓蒙とは、人間が未成年状態から抜け出ることであり、「自分自身の知性を使用する勇気」のことです[23]。

一七八九年五月五日、財政難対策のためヴェルサイユで三部会が開催され、名誉ある席である国王の右側に貴族、平民などは左側に座り、これに倣い国民公会で右側に王政を支持するジロンド派、左側にジャコバン派が座り、右翼、左翼という対比が誕生します。七月十四日、市民によるバスティーユ牢獄の占拠が発端となりフランス革命が勃発し、自由、平等、人民主権などを掲げた「フランス人権宣言」を採択するなど絶対王政から共和制へと移行します。ルイ一六世やマリー＝アントワネットは断頭台に消えます。革命は近代立憲主義の幕開けという側面と、粛清や独裁という負の側面を持っていました。

同時に、ジャコバン派の「平等者協会」を指導したバブーフは、友愛の精神で結ばれた平等社会を提唱し、その実現のために行ったロベスピエールの独裁は人民の意思を先取りした指導者の独裁であると支持を表明しました。フランス革命は社会主義や革命思想の先駆けとなります。

他方、保守主義については、英国の政治家ヒュー・セシルが、「保守主義を生み落したのはフランス革命だった」と『保守主義とは何か[24]』で記しています。一七九〇年五月六日、フランス革命が勃発した翌年、英国会議員のエドマンド・バークは、下院でフランス革命批判の演説を行い、一般に「近代保守主義の誕生した日」と言われます。バークは、社会は革命でなく改革で変えるべきと説き、保守主義の古典的名著『フランス革命の省察』を執筆し「保守主義の父」とも言われています。

東京大学教授の宇野重規は、著書『保守主義とは何か[25]』の中で保守主義の歴史を

「フランス革命と闘う」「社会主義と闘う」「大きな政府と闘う」と、対立する思想との闘いと捉えてバークやフリードリヒ・ハイエク、ラッセル・カークなどを紹介しています。ちなみに自民党綱領は、「進歩を目指す保守政党である」(『平成二十二年綱領』)と記しています。

非合法化の検討

話を戻します。一九四九年一月二十三日、衆議院総選挙が実施され、吉田の民主自由党が議席を一一二増やして単独過半数の二六四議席を獲得します。吉田はこの選挙で、官僚出身の池田勇人、岡崎勝男、前尾繁三郎などを当選させ、後年「吉田学校」と呼ばれる政治勢力を形成し、五四年十二月十日まで六年もの長期政権の基礎を築きます。

芦田政権の終焉と時を同じくして、GHQ民政局の影響力が後退し、日本の占領政策の主導権がGHQからワシントンに移っていきます。アメリカの国務長官がジョージ・マーシャルからディーン・アチソンに代わり、マーシャルのもとで政策企画室長を務めていたジョージ・ケナンのソ連の「封じ込め政策」から、アチソンはアメリカの軍事力を背景にしたソ連の膨張に歯止めをかける「対ソ対決」に転換します[26]。

国際情勢も、一九四八年九月に朝鮮民主主義人民共和国（北朝鮮）の建国、一九四九年八月のソ連の原爆実験成功、十月には北京の天安門広場で毛沢東が中華人民共和国の建国を宣言し、冷戦が激化し「対ソ対決」が高まります。

日本では一九四九年一月、日本共産党が総選挙で三五議席を獲得し、共産主義革命が囁かれる中、マッカーサーは四月四日に団体等規正令を公布しました。

吉田は、「非合法化に関する総司令部側からの最初の示唆が、公式の形をとって与えられたのは、昭和二十四年七月四日、米国独立記念日におけるマッカーサー元帥の声明においてであった[27]」と述べています。独立記念日の直前、福島県平市（現在のいわき市）の共産党員による警察占拠事件、労働組合の過激な行動などが起き、マッカーサーは共産党非合法化法案を検討するよう示唆したのです。

一九五〇年五月三日、新憲法発効三周年記念日、マッカーサーは、共産党は「法の保護に値するか」疑問であるとの声明を出し、再び共産党非合法化を示唆しました[28]。そのため日本政府は、共産党非合法化法の立法化の論議を始めます。

六月四日、吉田は、共産党員による米軍将兵に対する暴行事件をきっかけに「共産党の非合法化を検討せざるを得ない」と、非合法化法案を検討することを決心します。

六月六日、マッカーサーは、レッドパージを実施し日本共産党中央委員二四名全員の公職追放、七日にはアカハタ編集委員など一七名を追放しました。

このように日本で共産党非合法化法案の検討が始まる中、アメリカも対応を検討します。米国務省北東アジア局長のジョン・M・アリソンは、非合法化はクレムリンと日本共産党の緊密化を招き、共産党が占領軍に抵抗する殉教者になることから「非合法化は慎重に対応すべき[29]」と助言しました。これに対し、GHQ参謀第二部長のウィロビーは、「非合法化案を導入すべき」と主張します。しかし賛否がある中、一九五一年一月、マッカーサーは、日本での共産党非合法化案を承認しないことにしました[30]。

一度は非合法化を促しながら、なぜマッカーサーは共産党非合法化法案を承認しなかったのでしょうか。ホイットニー少将の『マッカーサー伝』によると、「元帥は一方で共産党に警告するとともに、他方では日本政府が自発的に行動すべきことを強調した」、しかし「日本の指導者たちは結局煮え切らなかった」とあります。つまりマッカーサーは共産党非合法化法案を作るように示唆していますが、作るかどうかは日本政府が自発的に決めるべきだと判断したのです。吉田は、『回想十年』の中で、

「(一九五〇年)五月三日、新憲法発効三周年記念日に発せられたマッカーサーの声明

は、……明らさまに（共産党）非合法化の示唆である。……私の心中にもそうした考えが動かないでもなかった。しかし、結局のところ、国民の良識の処理にまつが健全なやり方であるという考え方から、実行せずに終った」

と、欧米諸国と正反対の対応をした理由を述べています。当時の吉田は、

「共産主義者を絶対に容認する能わざる所以のものは、特にその思想や信条を問題にしたからではない。問題は常にその行動にある。特にその破壊活動にあったのである」

とも述べていました[31]。ドイツ社会民主党党首のクルト・シューマッハーが、「反共的な言葉のみで、共産主義を打ち破ることはできない」と共産主義を警戒したのと大きく違います。

一九五一年三月二十日、国会で法務総裁の大橋武夫は、

「共産党非合法化は政府として研究中であり、直ちに実現したいという考えを持つに至っていません」

と答弁しました。これで非合法化法案は消え去ります。

同年四月十一日深夜零時五六分、米大統領のトルーマンは、マッカーサーの中国への攻撃や原爆使用などの発言はシビリアンコントロールに違反しているとの理由から、マ

ッカーサーを解任しました。タイム誌は、「これほど不人気な人物が、これほど人気ある人物を解任したのは初めてである」と報じています。しかし、後年、トルーマンは文民統制を貫いたことで評価されます。マッカーサーは日本でも絶大な人気を誇っており、四月十六日の離日に際しては、沿道から二〇万人もの日本人が見送りました。

ダグラス・マッカーサー
（1880-1964年）

吉田の失敗

こうして日本では共産主義、共産党に対して極めて寛容な国になりました。世界の先進国でも特異な存在なのは、すでに述べた通りです。筆者は、日本の政党政治や民主主義、ジャーナリズム、国際感覚などを高めるために、これは国家としては「失敗」だったと考えています。この「失敗の本質」は、吉田の判断に代表されるように共産主義思想の危険性を理解できなかったことにあります。

ドイツ社民党が共産主義を排除した理由にあるように、共産主義社会が必ず到来するという決定論は、どのような社会をめざすのかという人間の選択の自由を奪ってしまうことこそが問題であるという危険性の本質を理解しなかったことにあります。

このことが、共産主義に対する日本と欧米の違いの源流になってしまったのです。米国駐日大使を務め日本と欧米との考え方の違いを知るエドウィン・ライシャワーは、日本は「世界がかかえるもろもろの問題解決に参画し、役立っていくためには、これまで以上に意思疎通に熟達し、心底から他国民との共同体意識をもつことが日本人に求められている[32]」と、日本人は世界と共通感覚を持つべきであると耳の痛い警句を述べています。共産主義に対しても世界と共通感覚を持てないでいるのです。

後年、吉田は、共産党非合法化法案を決断しなかったことに対し、

「後になって考えるに、やはり実行して置けばよかったような気もする[33]」

と後悔しています。

私たちが戦後史を見るときの留意点として、慶應義塾大学教授の細谷雄一は、「われわれは知らないうちに、『イデオロギー的な束縛』『時間的な束縛』『空間的な束縛』の中から歴史を語ろうとしてしまう。それによって……ゆがめられる事実があまりにも多

い」、「そのような束縛からわれわれの視点を解放することで、より広い視野を手に入れて、より豊かな歴史が語れる[34]」と指摘しています。

3　日本共産党と野党の反比例関係

議席数の推移

次章からはしばらく、共産主義そのものについての解説を加えていきますが、ここで大まかに日本共産党が日本国民に受け入れられてきた歴史を、国会での議席の推移をもとに押さえておきましょう。

議席の推移を見ると、土井ブームや民主党ブームのように野党ブームが巻き起こると共産党は伸び悩み、野党が頼りないと逆に共産党は議席を伸ばす傾向にあることが分かります。なお、戦前は共産党は非合法政党であり、議席はありません。

一九四五年、ＧＨＱの占領下、共産党は戦前の違法政党から合法政党となりました。四六年の総選挙では五議席、四九年の総選挙では三五議席に大躍進し、「九月革命説」が流布するまでに議席を伸ばします。

　ところが、一九五〇年、朝鮮戦争など東西冷戦が激化すると、GHQは徳田球一書記長など共産党中央委員二四名全員の公職追放を指令します。五一年、サンフランシスコ講和条約と日米安全保障条約が調印され、一九五二年の総選挙では共産党は議席ゼロとなります。

　一九五五年、日本自由党と民主党が合併し自由民主党を、右派社会党と左派社会党が合併し日本社会党を結成し、自社五五年体制が始まります。五六年には、日ソ共同宣言が締結され、五八年の総選挙の議席は、自民二八七、社会一六六、共産一です。

　一九六〇年、社会党から西尾末広たちが離党し、民主社会党（民社党）が結成されます。一九六一年に公明政治連盟、一九六四年に公明党が結成され、自社公民共の時代に入ります。共産党は一九六七年の衆院選で五議席を獲得しました。

　一九七二年、田中角栄内閣は、石油危機、物価の高騰の中、衆院を解散し総選挙を強行します。共産党は三八議席に躍進し、自民二七一、社会一一八、公明二九、民社一九となります。この年、田中は日中共同声明に調印しています。

　一九七六年の総選挙は、立花隆の『日本共産党の研究』による戦前の「武装共産党」についての論考、民社党委員長春日一幸の衆院本会議での宮本顕治の共産党スパイ査問事件（後述）の調査要求などの影響で一七議席に減少します。

八〇年代は、社会党、公明党、民社党の連合政権構想から「共産党を除く」という共産党封じ込めの中、二〇議席台を維持します。

一九八九年七月には、宇野宗佑内閣のもと参院選が行われ、消費税、リクルート事件、首相の女性スキャンダルが争点となり、社会党の土井ブームが起きます。参院で与野党が逆転し、土井は「山が動いた」と名台詞を残します。社会党最後の躍進と言えるでしょう。筆者も関係していますが、社会党など野党提出の消費税廃止法案が参院を通過します。共産党は土井ブームの陰に隠れ、中国の天安門事件も影響し五議席に激減します。社会党が躍進すると、共産党は議席を減らす反比例の関係にあります。

一九八九年は、ベルリンの壁崩壊の年ですが、日本の労働組合では大きな再編が行われます。社会党の最大の支持母体であった総評が民社党の支持母体であった同盟などが参加する全民労連と合流し、連合（日本労働組合総連合会）が誕生します。同時期に、共産党系の労働組合である全労連（全国労働組合総連合）が結成されます。社民党系の労組は、全労協（全国労働組合連絡協議会）です。

一九九〇年前後に、前年のベルリンの壁の崩壊、一九九一年のソ連の崩壊など、人類は「共産主義の終焉」を目撃します。日本にも影響し、総選挙で共産党は二六議席から一六議席へと惨敗します。九一年、多国籍軍によるイラクへの「砂漠の嵐」作戦が開始され、日本は九〇億ドルの追加支援を決定し、ペルシャ湾に掃海艇を派遣します。九二年には、ＰＫＯ法（国際平和協力法）が施行されます。

一九九三年六月、衆議院に宮沢内閣不信任案が提出され、羽田孜・小沢一郎などの自民党議員の造反により可決し、小沢は自民党を離党し新生党を立ち上げます。社会党は土井ブームを生かすことができず、ソ連の崩壊は、総評の連合への合流も重なり社会党に大きな打撃を与えます。

カヤの外に

一九九三年の総選挙では、「自民か非自民」の構図がマスコミによって喧伝され、「日本共産党カヤの外」論が広まり共産党は一五議席に低迷します。自民党は過半数を大きく下回り、遂に五五年の結党以降初めて政権の座を降り、八党派連立の非自民の細川連立内閣が誕生します。一九九四年には、新進党が結成されます。

一九九六年の総選挙は、橋本内閣の消費税三％から五％への引き上げ問題、一月に社会党から社民党（社会民主党）に党名を変える中、民主党が設立されます。共産党は一五議席から二六議席に躍進します。反対に社民党は、一九九三年総選挙で社会党として七〇議席を獲得した勢いを失ってしまいました。社民党と党名を変更し一五議席となり共産党より小さい政党に転落します。日本では、ソ連の崩壊は欧米と異なり、共産党崩壊でなく社会党崩壊につながったようです。

戦後、世論をリードした進歩的文化人の最大の犠牲者が社会党といえるでしょう。筆者の手元に社会党の権勢を象徴するかのような一五〇〇ページの『資料 日本社会党四十年史[35]』がありますが、このような立派な党史を発刊する政党がなくなるとは当時、誰も予見できなかったのではないでしょうか。「兵どもが夢のあと」の風情です。

二〇〇三年の総選挙は、マニフェスト選挙と言われ、自民二三七、公明三四、民主一七七、共産九、社民六となり、民主党の議席が選挙のたびに増えていきます。「自民対民主」の対決と報道され、共産党は埋没します。

二〇〇九年の総選挙は、民主党は「政権交代」をキャッチコピーに掲げ、マスコミも「政権交代選挙」と呼称し、民主党は一気に三〇八議席と過半数を大きく上回り、鳩山由紀夫政権が誕生します。しかし、二〇一二年十二月、民主党は総選挙で惨敗し、約三

日本共産党の衆議院議員総選挙当選人数

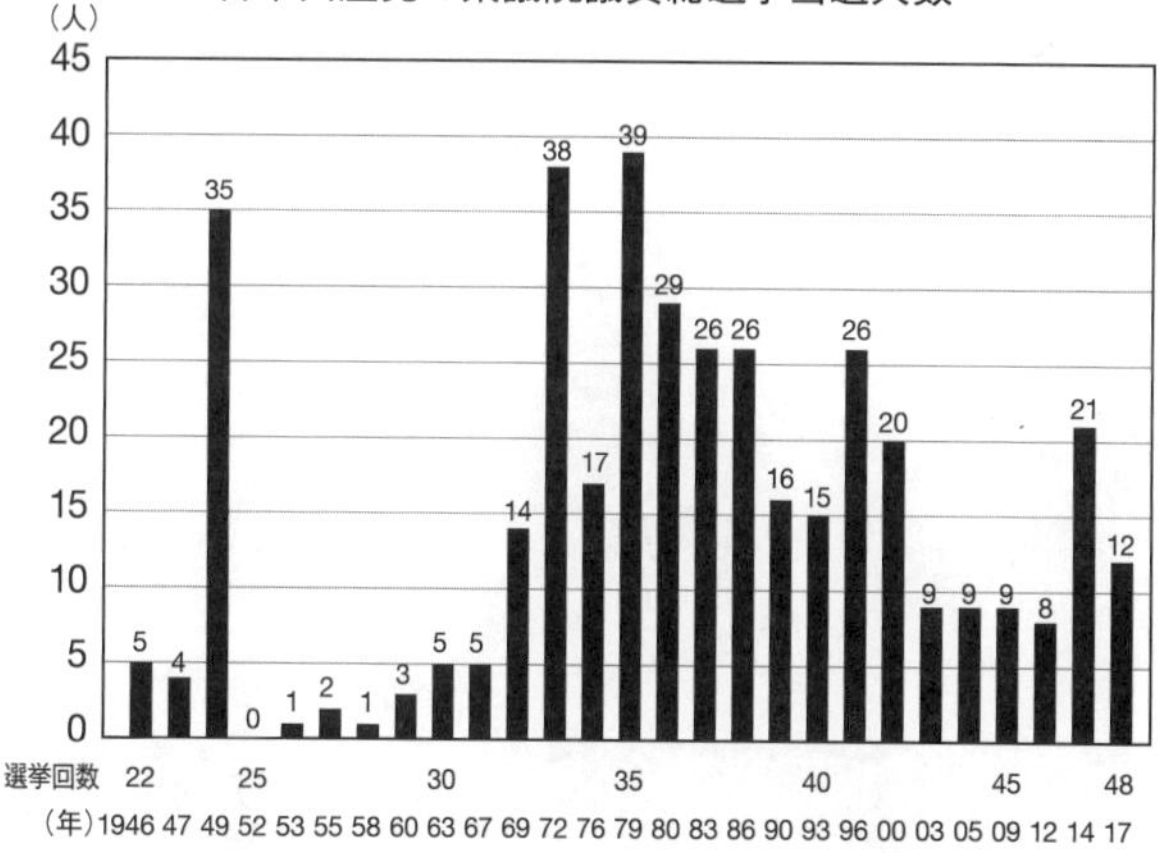

社会党の衆議院議員総選挙当選人数

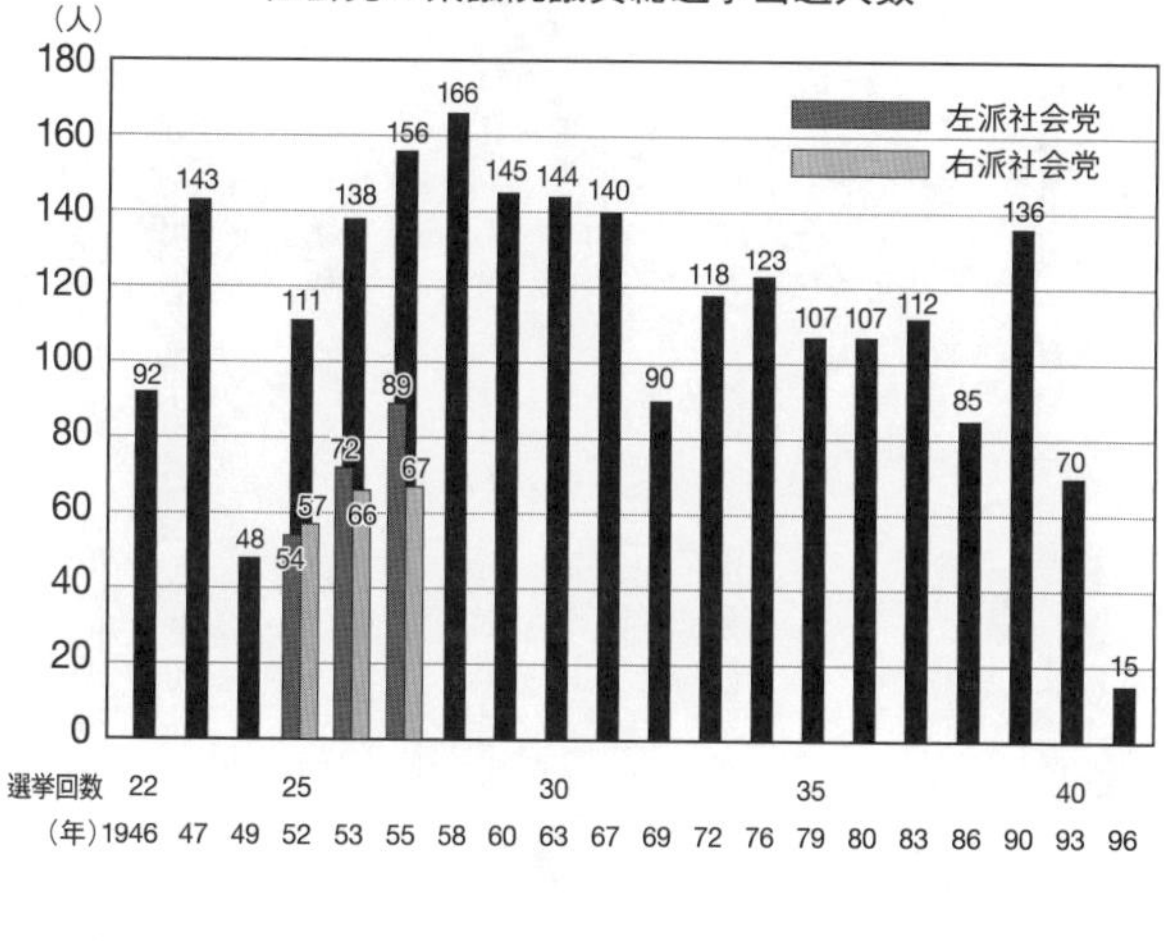

年で野党に転落します。民主党への国民の期待は失望に変わり、逆に自公政権は安定し「一強多弱」といわれる時代に入ります。民主党が混迷を続けると、今度は逆に一四年の総選挙で共産党は、二一議席に回復します。民主党が伸びると共産党は低迷し、民主党が低迷すると、共産党は勢いを増す傾向にあります。

しかし、二〇一七年の総選挙は、民進党の解党と希望の党、立憲民主党（立民）の立ち上げの中、東京都知事の小池劇場に翻弄され共産党は一二議席となります。自民二八一、公明二九、立民五四、希望五〇、維新一一、社民二と「一強多弱」が続きます。

野党ブームが発生すると、共産党は議席を減らします。このように共産党にとって厄介なのは、共産党は野党共闘で国民連合政権をめざしていますが、野党共闘がうまくいくと野党第一党が伸びてしまいます。このように野党第一党と共産党の関係は、負の相関関係にあります。

しかし、二〇一七年の共産党大会で志位和夫委員長は、

「国政を支配してきた『共産党を除く』という壁が崩壊した[36]」

と発言し、野党共闘に自信をのぞかせています。「オール沖縄」、「市民と野党の共闘」など、日本共産党と野党の共闘が進んでいることに自信を示しています。二〇一八年七

月の「日本共産党創立九六周年記念講演会」においても志位は、「『本気の共闘』やろうじゃないですか」と、野党共闘を呼び掛けています。「共産党を除く」から「本気の野党共闘の時代」に入ったのです。

この年には、民進党、希望の党などから国民民主党が誕生し、かつての民進党は立憲民主党と、国民民主党に分かれます。立憲民主党の支持労組は、自治労、日教組、情報労連、ＪＰ労組などかつて社会党を支持した総評に近い労組です。国民民主党はゼンセン、自動車総連、電力総連、電機連合などで、かつて民社党を支持した同盟に近い労組です。共産党は全労連が支持労組です。小沢一郎が自民党を飛び出す二五年前の自社公民共の時代に逆戻りしたような構図です。ただし、「共産党を除く」という壁はなくなっています。

第二章　そもそも共産主義とはどういうものか

1　共産主義の基本

三つのキーワード

共産主義という言葉は一九世紀前半から使われ始め、カール・マルクス（一八一八～八三）とフリードリッヒ・エンゲルス（一八二〇～九五）が確立した理論もしくはイデオロギーです。マルクス二九歳、エンゲルス二七歳で共同執筆した『共産党宣言』は、一八四八年二月に発表されたものです。一九一七年、レーニンは、マルクスの『共産党宣言』などマルクスの論を基礎にして、ロシア革命を成功させます。当時、資本主義の国では、大恐慌が発生する、労働環境が整備されていない、富が一極集中するなど、さまざまな問題が生まれていました。共産主義革命によって資本主義の矛盾が解決されるのではと多くの人が期待し、マルクス・レーニン主義は世界に広まります。

なお、二〇一八年は、マルクス生誕二〇〇年の年でした。マルクスは、ドイツの哲学、イギリスの経済学、フランスの社会主義をもとに史的唯物論と剰余価値説という独特の考え方を提唱しました。

日本共産党中央委員会出版部発行の『共産主義読本』[37]によれば、「マルクス・レーニン主義の理論は、弁証法的唯物論と史的唯物論の哲学、マルクス主義の経済学、科学的社会主義という三つの構成部分からなりたっています」と解説しています。「弁証法的唯物論と史的唯物論」「マルクス主義の経済学」「科学的社会主義」という三つのキーワードは共産主義を理解するうえで避けて通れない存在です。

カール・マルクス（1818-83年）

以下、順番に説明します。素直に読めば現代の読者にとっては納得しがたい論理も出てくるとは思いますが、まずはその基礎情報をお読みください。

弁証法的唯物論と史的唯物論

弁証法的唯物論は、ドイツの哲学者ヘーゲルの弁証法に唯物論を合わせたものです。弁証法は、低い段階から高い段階に進むとき、低い段階を否定して高い段階へ進む。しかし、単に低い段階を排除するのではなく、低い段階のものを含んで高い段階へ進むのだ、という理論です。このプロセスを「正・反・合」と表現します。このように発展することをヘーゲルは、「止揚（Aufheben）」と呼んでいます。単純な例を挙げれば、「私有財産のない社会」から「私有財産のあるかつ生産性の高い社会」に進み、次は「私有財産のないかつ生産性の高い社会」に進むことを正・反・合と発展する、と考えます。この発展の過程は、あるいは定立・反定立・総合とも表現されます。

マルクスの弁証法的唯物論は、この弁証法によって発展する要因は、神への信仰や絶対的な徳のような観念的なものでないという前提を置きます。「神の意識は人間の自己意識である」として、物質こそが決定要因であるという唯物論を基礎にしています。

史的唯物論は、この弁証法的唯物論を人類の歴史に当てはめた理論です。歴史の発展過程は支配階級と被支配階級の階級闘争の歴史であり、生産様式の交代によって五段階に発展するという必然論もしくは決定論を唱えているところに特徴があります。

史的唯物論によれば人類の歴史は、第一段階が原始共同体、第二段階が奴隷社会、第三段階が封建社会、第四段階が資本主義社会、第五段階が社会主義・共産主義社会となります。史的唯物論の五段階論をスターリンは、『弁証法的唯物論と史的唯物論[38]』において、「原始共同体→奴隷制→封建制→資本主義→社会主義」という五段階に定式化しました。このように史的唯物論は、単純化された分かり易い論であるがゆえに多くの若者の心を捉え、共産主義の到来は必然とする史的唯物論、決定論を多くの人々が信じたのです。

マルクスの経済学と剰余価値説

ここでは、マルクス経済学の「剰余価値説」について説明します。

エンゲルスは、「史的唯物論と剰余価値説はマルクスの二大発見」と述べています。共産主義を理解しようとすると、外国語のように知らない単語がたくさん出てきますが、剰余価値もその最たるものでしょう。

剰余価値とは、資本家が労働者から搾取した労働時間、言い換えれば労働者が賃金を受け取らず働いた時間です。マルクスは、商品の価値は労働量で決まるという労働価値説を信じました。さらに労働者の労働時間の総量は、資本家が労働者に賃金を支払う支払い労働時間と、剰余価値を生む不払い労働時間に分類できると考えます。剰余価値説は、不払い労働時間は資本家にとって剰余価値であり、労働者からの搾取であるという論です。しかし、労働価値説は、商品価値は需要と供給の関係で決定されるという普通の人が学ぶ経済学とは異質な考え方です。

剰余価値説を正しいとすれば、次のような展開が考えられます。資本主義社会では、資本家は労働者から剰余価値を搾取し、資本を蓄積していく。そのことは結果として多数の労働者階級をつくることになり、資本家と労働者の闘争が起き、革命に発展するという論が導かれます。資本主義によって労働者階級が増大し革命の主人公になることをマルクスは、「労働者階級は資本主義の墓掘人」と表現しています。

科学的社会主義とマルクス・レーニン主義

一九一七年、レーニンはロシアで社会主義革命を成功させます。科学的社会主義は、マルクス・エンゲルスによって提唱され、レーニンの社会主義革命の成功によって広まったことからマルクス・レーニン主義とも呼ばれます。

日本共産党の『共産主義読本』によれば、「共産党は、マルクス・レーニン主義の科学的社会主義の理論にみちびかれて、労働者階級が社会主義・共産主義を建設するという偉大な歴史的使命を実現するためにつくった労働者階級自身の革命党です」と述べています。

マルクスは大著『資本論』で、取扱う課題は資本主義の「鉄の必然性をもって作用し、そして貫徹するこれらの傾向」であると述べ、目的は「近代社会の経済的運動法則を闡《せん》明《めい》することがこの著作の最後の究極目的である[39]」と記しています。マルクス経済学は、労働価値説をもとに資本主義は崩壊しプロレタリア革命は必然と見る革命論です。そのためマルクスの『資本論第三巻』が出版されたとき、「経済学者の大多数は、マルクスの解決に失望せざるを得なかった[40]」といわれています。

2　マルクスのどこが間違っていたか

史的唯物論の誤り

ここからは、マルクス・レーニン主義の誤りについて見ていきます。先ず史的唯物論の誤りを見ましょう。

史的唯物論は、資本主義から社会主義・共産主義社会への移行は歴史の必然と見ます。レーニンは、「マルクスの学説は、正しいがゆえに全能である」とマルクス無謬論を唱えています。

しかし、史的唯物論は誤りであることは、すでに多くの学者によって立証されています。戦前のオーストリア学派の泰斗ルートヴィヒ・フォン・ミーゼスは、古典的名著『ヒューマン・アクション』[41]で、次のように述べました。

「（マルクスの）二つの主張、すなわち社会主義が到来すべきことと、それが資本主義よりも良い体制であるばかりでなく、最も完全な体制であって、その最終的実現が、人類にこの世の生活で永遠の至福をもたらすことの実証は、何もできていない」

マルクス主義は何も実証していない、科学とはいえないと断じているのです。当然でしょう。かつてのソ連を見れば分かるように、言論の自由は抑圧され、国家管理の経済活動は非効率で、共産主義が資本主義より良い体制であるなどとは言えません。さらにミーゼスは、

「（マルクスの源泉は）インスピレーションであって、……啓示を人民に伝える予言者

であった」

とも述べています。また、マルクス主義者に対しても厳しい目を向けます。

「マルクスのタブーによって、社会主義共和国の経済問題を吟味しようとするすべての企図に『非科学的』という汚名を着せた」

マルクスを批判すると「非科学的」という汚名を着せる、マルクス主義者の態度は科学者としてあるまじき態度であると指摘しています。加えて、ミーゼスは、計画経済における経済計算は不可能であることを論証しています。ミーゼス門下には、ハイエクやフリードマンなど多くのノーベル経済学賞受賞者が連なっています。

労農派と講座派の対立

歴史観がもとになって、日本では戦前、共産主義革命について、労農派と講座派という二つの派で大きな論争がありました。労農派は、明治維新は日本が近代資本主義を実現したブルジョア革命なので、直ちに社会主義革命を決行すべきという一段階革命論です。講座派は、明治維新によって資本主義は発達したものの天皇制などの封建勢力が残っているので、先ず天皇制、封建制を打倒するブルジョア革命を行い、その後、社会主義革命を行うべきという二段階革命論です。労農派は社会党左派へ、講座派は共産党へ引き継がれます。共産党は、一段階革命論に対し「社民主義者は、社会主義革命を口実に天皇制との闘いを避ける日和見主義だ」と批判しました。

講座派の歴史観は、戦前の日本共産党の三二年テーゼと同じ歴史観で、コミンテルン史観とも呼ばれています。このコミンテルン史観は、満州事変から太平洋戦争までを日本の侵略戦争ととらえる東京裁判史観と似ています。

しかし、このような見方に対し、日本近現代史が専門の黒沢文貴は、「マルクス主義の理論的枠組みが重視されたために、理論先行、枠組み重視の議論となり、実証がややもすれば置いてきぼりを食うことになった[42]」とマルクス主義歴史観を批判しています。

同様の指摘は、多くあります。古典的名著『歴史とは何か』を執筆したE・H・カーは、「歴史の終わりを仮定する」のは学問でないと批判しました。日本では竹山道雄が『昭和の精神史』で「上からの演繹」は誤りであると論じています。「上からの演繹」とは要するに、結論が先にあってそこから論理を導くようなやり方のことです。多くの学者が共産主義社会の到来は必然とする史的唯物論、マルクス主義歴史観は誤りであると断じています。

剰余価値説の誤り

次に、剰余価値説の誤りを見ていきましょう。

慶應大学の塾長を務めた小泉信三は、『マルクス死後五十年[43]』において、「(マルクスの剰余価値論の）致命的欠陥というべきは、……搾取余剰価値額の決定理法を説明し得ないことである」と、剰余価値説は学問たりえないと批判しています。

ちょっと難しい言い方ですので、解説を加えます。

商品価値は、経済学で論じられているように基本的には市場における需要と供給で決まります。労働時間などの労働価値で決まるほど単純ではありません。

例えば、同じ商品でも、需要曲線、供給曲線は様々なパターンがあり、労働価値では決まりません。一所懸命長時間かけて作ったから商品価値が高いとは限らないし、手抜きの品だから商品価値が低いとも限らない。これは当然です。

搾取論という言葉は、正義感を刺激する表現ですが、賃金は企業の生産性の成果配分であり、搾取論は成り立ちません。剰余価値説は、小泉が論じるように価値理論が成立しないのであり、学問たりえないのです。

マルクスの史的唯物論と剰余価値説は、キリスト教の「千年王国（Millenarianism）」の預言のような思想や哲学としては成立しているのかもしれません。しかし、およそ科学的な根拠はありません。「歴史はこう発展する」と予言するのは自由ですが、その根拠は皆無です。ミーゼスや小泉など多くの学者が指摘するように誤りなのです。

史的唯物論と剰余価値説という馴染みのない単語はマルクスの二大発見と言われますが、このように内容を理解すると共に科学的根拠のない間違った考え、思想であることがお分かりになると思います。それでも共産主義を批判しにくいのは、内容は平易であっても一般の人が使わない独特の単語を用いるため、一見難解に感じられることも影響しているのです。

3　民主集中制は独裁国家への道

日本共産党はコミンテルンの出先機関だった

なぜ共産党は、自民党など普通の政党と違うのでしょうか。その理由に、史的唯物論などの特異な理論とともに、独特の意思決定ルールがあります。その代表例が、共産党規約に書かれている民主集中制、細胞、中央委員会です。これら聞きなれない単語を解説していきましょう。最初は民主集中制です。

レーニンは、一九一七年十月、皇帝ニコライ二世のロマノフ朝、絶対専制のツァーリズムを倒し社会主義国家を樹立します。翌年、ニコライ二世と妻アレクサンドラ、五人の子供は殺害されます。絶対王政を倒し共産主義革命を成し遂げるには、厳しい掟が必要だとの考えからです。レーニンは、ボルシェビキ党に対し革命をリードする能力、厳しい規律、鉄の結束を求めました。そのために前衛政党、民主集中制など共産党独特の党運営が生まれるのです。民主集中制は、ソビエト共産党の前身であるロシア社会民主労働党が採用したのが始まりです。

レーニンは、一九一九年に共産主義政党による国際組織コミンテルンを作り、世界の共産主義政党に規約や綱領のモデルを示し、各国の共産主義革命を支援します。コミンテルンは、共産主義インターナショナルの略称で一九一九年から四三年まで存続します。

一九二〇年、コミンテルンは、第二回大会で二一カ条のコミンテルンへの加入条件を採択しました。加入条件の要点を簡単に紹介すると、宣伝と扇動は共産主義インターナショナルと一致するものでなくてはならない（第一）、党は革命の義務を果たすため非合法組織を創設する義務がある（第三）、党は民主的中央集権主義の原則に基礎を置く（第一二）、各党は○○国共産党（共産主義インターナショナル支部）とよばれなければならない（第一七）などを規定しました[44]。一九二五年一月、コミンテルンは、共産党の設立と民主集中制について以下のようなコミンテルンへの加入条件と同じ内容の「規約モデル[45]」を示しています。

一、共産党は共産主義インターナショナルの支部にして、共産主義インターナショナル支部○○共産党と称する。

六、○○共産党は、民主的中央集権の基礎の上に確立される。……党員の一部ないしは若干の地方組織がその決定に同意しない場合においても、それらは無条件に実行されねばならない。

（「共産主義インターナショナル執行委員会組織部によって起草された共産党の規約モデル」）

一項は、各国の共産党はコミンテルンの支部として設立すべしという内容です。事実、日本共産党は、一九二二年、コミンテルン第四回大会で「コミンテルン日本支部」として承認されています。世界各国の共産党は、コミンテルンの指導のもと、つまり当初はレーニン、後にスターリンの指導下にあったのです。日本の政党なのに、コミンテルンの日本支部として誕生したのです。この頃の日本共産党は、綱領もコミンテルンの指示のもとで作成しています。これが奇妙であることは言うまでもありません。

民主集中制

六項の民主的中央集権が、いわゆる「民主集中制」について規定した条文です。民主集中制は、ソビエト憲法にも規定されています。

「第三条　ソビエト国家の組織と活動は民主主義的中央集権の原則、……上級機関の決定の下級機関にとっての義務制にもとづいてうちたてられる[46]」

ソビエト国家は民主集中制を原則とし、下級機関は上級機関の決定に従うのは義務であると規定しています。ソビエトが独裁国家となるのは当然です。

ちなみに、中国もソ連同様に憲法で、

「第三条　中華人民共和国の国家機構は、民主集中制の原則を実行する[47]」

と、ソ連と同じように民主集中制を掲げています。

本来、民主主義とは、イギリスの議会制民主主義のように多様な意見を認め、少数意見を尊重し多数決で決するのが普通です。

ところが民主集中制は、個人の意思と全体の意思の一致が前提なので、反対意見を封じ言論の自由を奪います。「党員の一部」や「若干の地方組織」が同意しなくても「無条件」で従わなくてはならない、とはそういうことです。異議を唱えることは認められません。これは結果として全体主義と同じであり、独裁国家への道となります。ジャン＝ジャック・ルソーの個人の意志と国家の意志の一致を目ざした「一般意志」に似た考え方です。そのためフランス革命におけるロベスピエールの独裁政治は、「ルソーの血塗られた手」と呼ばれます。

民主集中制がなぜ独裁となってしまうのか説明しましょう。民主集中制について社会主義研究の泰斗である関嘉彦は、「指導部が万能で不可謬でない限り、党は硬直し、イエスマンのみとなる。事実、第一次大戦後の各国共産党はそうなった」と解説しています。指導者へのイエスマンばかりの党、つまり、独裁になるのが当然の帰結ということです。ソ連や中国の憲法に民主集中制が規定され、イエスマンの党、イエスマンの国家、当然、ソビエトはスターリン独裁、中国は毛沢東独裁となってしまったのです。

4　日本共産党の民主集中制

自民党との違い

ここでいったん、日本に目を向けてみましょう。自民党と共産党との意思決定ルールの最大の違いは何か。自民党は権力分散型、共産党は権力集中型であることです。筆者が長年政治の場にいて感じるのは、政策も重要ですが、党の組織と意思決定のルール、つまり党の規約が極めて重要だということです。規約は、ソ連がスターリン独裁になったように、その国の自由や民主主義と密接につながっています。日本共産党の幹部だった元参議院議員の筆坂秀世は、「富山大学教授であった藤井一行氏によれば、もともと日本共産党の規約はスターリン時代のソ連共産党の規約と毛沢東時代の中国共産党の規約にならって制定された」[48]と述べています。

ここでは、民主集中制についての日本共産党の規約を見ていきます。日本共産党は、入党を呼び掛ける文書で、

「方針はみんなで民主的に討議して決め、決定したらみんなで実行する『民主集中制』というルールを原則にしています」

と、「民主集中制」を原則にしていると述べています。日本共産党規約（二〇〇〇年十一月二十四日改定）では、こうです。

第三条　党は、党員の自発的な意思によって結ばれた自由な結社であり、民主集中制を組織の原則とする。

事情をよく知らない人が読めば、「みんなで討議して決め」たことを「みんなで実行する」のだから、民主主義と同じでは、と思われるかもしれません。しかし、民主集中制の実態はそうではありません。日本共産党で指導者の独裁となった例として、日本共産党の「五〇年問題」について簡単に紹介します。

五〇年問題と民主集中制

一九五〇年六月六日、朝鮮戦争が勃発した年、ダグラス・マッカーサーは、書記長の徳田球一など共産党中央委員二四名を公職追放します。徳田や野坂参三たちは中国に亡命し、翌年、スターリンの指示に従って「平和革命論」を「暴力革命必然論」に変更して、「五一年綱領」と「軍事方針」を決定します（このあたりのことは後でまた詳述します）。徳田のリーダーシップの下、共産党は火炎瓶闘争など多数の死傷者を出す過激な闘争を展開します。

『日本共産党の七十年』によれば、「日本共産党の五〇年問題とは、第六回大会選出の中央委員会が、一九五〇年六月六日のマッカーサーの弾圧を機に徳田球一、野坂参三を中心とした『政治局の多数』の分派活動によって、解体、分裂させられ、全党が分裂と混乱になげこまれた深刻な事態をいう[49]」と説明しています。

「五〇年問題」について共産党議長を務めた宮本顕治は、「民主的集中制の民主の面で若干の制限がおこることは、一面よぎないことでありますが、度をこして、セクト主義、官僚主義となることはいつの場合でも正しくありません[50]」と述べています。

一方、共産党議長を務めた不破哲三は、五〇年問題と民主集中制の関係について、「民主集中制の諸原則が破壊されたからこそ、ああいう重大事態がうまれたわけでありますと、民主集中制が間違っていたのでなく、徳田が「親爺」と呼ばれ家父長的支配を行い民主集中制を破壊したことが間違っていたと述べています。そのため徳田派と宮本派に党が分裂し、徳田派が極左冒険主義に走るという重大事態を招いてしまったと解説しています[51]。

派閥をつくらない

五〇年問題の教訓を踏まえ日本共産党は、党規約に以下のような「民主集中制の五つの原則」を規定しています。

第三条　党は、党員の自発的な意思によって結ばれた自由な結社であり、民主集中制を組織の原則とする。その基本は、つぎのとおりである。

（一）党の意思決定は、民主的な議論をつくし、最終的には多数決で決める。

（二）決定されたことは、みんなでその実行にあたる。行動の統一は、国民にたいする公党としての責任である。

（三）すべての指導機関は、選挙によってつくられる。

（四）党内に派閥・分派はつくらない。

（五）意見がちがうことによって、組織的な排除をおこなってはならない。

このように、日本共産党は現在も民主集中制を採用していて、派閥や分派はつくらないと規定されています。また、党員について第五条は、

第五条　党員の権利と義務は、つぎのとおりである。

（五）党の諸決定を自覚的に実行する。決定に同意できない場合は、自分の意見を保留することができる。その場合も、その決定を実行する。党の決定に反する意見を、勝手に発表することはしない。

と「党の決定に反する意見を、勝手に発表することはしない」と規定しています。筆坂秀世は、「民主集中制を唱える共産党の場合、組織内には原則として上下の関係しかなく、基本的には党員同士の横のつながりは禁止されている」「メディアは私のことを『党のナンバー4』と書いたが、私にいわせれば、共産党にはナンバー1しかいなかった」と回想しています[52]。

他方、自民党は、一九五五年の立党宣言で、「立党の政治理念は、第一に、ひたすら議会民主主義の大道を歩む」とし、党則は前文で「わが党は、基本的人権と民主主義を守り」と民主集中制ではなく「民主主義を守る」と規定し、共産党と違い派閥を作っても何ら問題はありません。

派閥が無い、みんなで決めたことに従う、などと言うとあたかもいいことのように聞こえるかもしれません。実際に共産党には派閥は存在していません。しかし、賛成できないことも「実行する」ことが求められ、「党の決定に反する意見を、勝手に発表」できない、というのが民主主義とかけはなれた決まりなのは明らかでしょう。

5「細胞」は独裁国家への道

細胞とは

コミンテルンの規約モデルに、「民主集中制」とともに「細胞」という聞き慣れない生物学用語のような単語があります。「細胞」について規約モデルは、次のように規定しています。

Ⅳ　細胞

一三、党の基本組織、すなわちその基礎は工場細胞（工場、鉱山、職場、事務所、等々）であり、そこで働く全党員はこれに所属しなければならぬ。……それは少なくとも三名をもたねばならない。

（中略）

一五、細胞は、党を労働者および小農民に結びつける組織である。……革命的階級闘争の見地から労働者に説明すること、一貫した、かつ、たゆまざる活動によって従業員のあらゆる闘争の指導権を獲得すること[53]。

規約では、工場や事務所に作られた細胞を党の基本組織と位置付け、三名以上を単位としています。他党にない革命を目指す政党ならではの独特の規約です。「革命的階級闘争の見地から労働者に説明する」と述べ、しかも、「闘争」の指導権を握れと規定しています。同僚に共産主義を説明し、職場や組合でリーダーとなることとしています。党員は、共産主義革命のリーダー、前衛になれという「鉄の掟」のような規定です。

そのためには、マルクス・レーニン主義を学習しなければ務まらないなかなか大変な役といえます。

党員は、工場や事務所で資本主義を打倒し共産主義革命を扇動する細胞になるように、という規定です。資本家や経営者など体制側から見れば、細胞は体制転覆をはかる危険な集団となります。

細胞から支部へ

続いて、日本共産党の細胞に関する規約を見てみましょう。一九四七年の日本共産党規約では、「第七章　基本組織[54]」の章で細胞について規定しています。

第四十三条　日本共産党の基本組織は細胞である。細胞は工場、鉱山、経営、事務所、農村、漁村、学校、町内等に三名以上の党員があるときつくられる。

……

第四十四条　細胞の仕事は次の通りである。

（中略）

3. 自分のまわりの大衆とのつながりを絶えず強め、常に大衆闘争の先頭に立って闘う。

4. 規則的に細胞会議を開いて、政治、経済、文化、生活上の問題を討論して、これらの問題にたいする細胞の活動方針をきめ、これを実行する。

これはコミンテルンと同じ内容です。しかし、その後、「細胞」は「支部」に名称を変更し、二〇〇〇年規約では、「第七章　支部」の章で以下のように規定しています。

第三八条　職場、地域、学園などに、三人以上の党員がいるところでは、支部をつくる。支部は、党の基礎組織であり、それぞれの職場、地域、学園で党を代表して活動する。

「細胞」の呼称は止めていますが、コミンテルンと内容は同じです。志位が「約二万の党支部」というように、党支部の職場名などは公表されていませんが全国に細胞、もしくは支部があるのです。

共産党は、上から中央委員会、都道府県委員会、地区委員会、支部の順に組織されています。中央委員会のトップが志位のような委員長であったり、かつての不破や宮本のような議長です。この組織が民主集中制のもと一体となって行動し、職場では支部が党を代表して活動し、党の支持や党勢拡大に向け邁進するのです。共産党員を戦士と呼ぶのもうなずけます。

職場が監視社会に

レーニンやスターリンの時代、工場などに細胞として党員を配置したのはコミンテルンが共産主義革命を実現するためです。しかし、一般に労働組合は、ベースアップと適切な成果配分、労働条件や労働環境の改善、生産性の向上などのために活動しています。資本主義を破壊する革命のためではありません。

二〇一七年一月十八日、日本共産党第二七回大会決議において共産党の支部について、「六〇〇〇万人の労働者階級のなかに強く大きな党をつくる仕事を、職場支部と全党の共同の事業として取り組む」

「第二五回党大会三中総決定は、『……労働組合の違いをこえ、あらゆる労働者のなかに根をおろす。連合系の職場でも、全労連系の職場でも、党をつくったら、……党組織を発展させる。……』ことを強調した」

と、支部を日本の全国の職場、あらゆる労働者に広げ強く大きな共産党にすると決議しています[55]。連合系の職場にも党支部をつくるとしています。かつての同盟系の労働組合は労使協調ですが、全労連は同盟と総評が合流して一九八九年に誕生した連合を「労働戦線の右翼的再編」と反対し、「左派勢力との大連合[56]」を目ざして連合誕生と同じ年に誕生しています。そのため労働組合運動は、今後も左右の対立という困難な状況が長く続くでしょう。

仮に国民を代表する政党が、各職場に細胞もしくは支部のような組織を配置したらどうなるでしょうか。その政党が政権を獲れば、職場には常に政府と直結した人間がいるのです。これではソ連や中国のような監視社会、独裁体制になってしまいます。日本で仮に自民党が、共産党の細胞のような組織を各職場に持っていたらどうでしょうか。たとえ「監視なんかしません」と言っても、働く人にとっては気が抜けません。為政者の考え方ひとつで、危険で、息苦しい社会になってしまうはずです。

なお言うまでもありませんが、自民党の党則には、党員に対して民主集中制や細胞のような規定はありません。

6 「中央委員会」は中央集権型

中央委員会の強い権限

党の意思決定過程も共産党と自民党では、中央集権と権力分立の違いがあります。共産党は中央委員会という独自の組織を持ち、中央委員会は大きな権限を持っています。

一九二五年のコミンテルンの規約モデル[57]は「XI　中央委員会」の章で、

四〇　中央委員会は党大会と党大会間の最高の党機関である。……政治的、組織的活動全体を指導し、中央機関紙の編集局を任命する。

と規定し、党大会と党大会の間、中央委員会に全ての権力が集中する組織になっています。日本共産党規約も、コミンテルン規約と同様です。

第二十一条　党大会からつぎの党大会までの指導機関は中央委員会である。中央委員会は、党大会決定の実行に責任をおい、主としてつぎのことをおこなう。

（一）対外的に党を代表し、全党を指導する。

（二）中央機関紙を発行する。

（三）党の方針と政策を、全党に徹底し、実践する。その経験をふまえてさらに正しく発展させる。

第二十三条　中央委員会は、中央委員会幹部会委員と幹部会委員長、幹部会副委員長若干名、書記局長を選出する。また、中央委員会議長を選出することができる。

このように党大会と党大会の間は、中央委員会が党の代表であり、委員長や議長を選出し、全党を指導するとしています。

党首である委員長は、自民党のような総裁選挙でなく、中央委員会で選出としか書いていません。委員長と議長のどちらが上位なのかも分かりません。このことについて筆坂秀世は、「党を代表するのが誰なのか、党首は誰なのか、党内の序列がよくわからないのも日本共産党の特異なところである」「共産党にはナンバー1しかいなかった[58]」と述べています。

共産党委員長の任期は規定されていないため、宮本顕治が委員長と議長を務めた時代は、宮本体制などと呼ばれ四〇年間続きました。中国共産党も習近平体制に任期がなく、外部から見れば独裁体制に見えます。

なぜマルクス・レーニン主義は独裁となるのかその理由について、京都大学名誉教授の猪木正道は、『共産主義の系譜[59]』で次のように端的に解説しています。

「プロレタリアートという集団による革命と独裁によって、階級なき社会を実現しようとするマルクス・レーニン主義の終末論は、個人とその道徳的自由とを否定する無神論と不可分の関係にあることがわかる。……哲学的物質の物神化に始まって、物質的生産力、プロレタリアート、党が次々に物神化され、最後にはレーニン、スターリンの神格化に及ぶ。そして個人は、カリスマの指示する歴史的必然性のために滅私奉公することにのみ、救済を見いだすよう要請される。個人の道徳的自由は否定され、良心は党を媒介としてカリスマにあずけられる」

毛沢東の側近として長年活躍した師哲は、スターリンについて、

「粛清運動は個人崇拝を助長した。当時の人々にとって最も正しく、最も英明で、最も

神聖な人物はと言えば、それはただ一人スターリンしかいなかった。……スターリンの周囲の人達はひたすらスターリンを褒めそやし、おべっかを使い、彼に調子を合わせることに専念した」

と『毛沢東側近回想録[60]』で回想しています。

自民党の意思決定体制

自民党は自由で分権型の意思決定体制となっています。その理由は、自民党の党則の歴史にあります。

最初に、現在の自民党の政策決定過程について党則はこう定めています。

第四十二条　政策の調査研究及び立案のため、政務調査会を置く。
第四十四条　政務調査会長は、政務調査会の運営に当たり、かつ、これを管掌する。
第四十六条　政務調査会長は、総務会の承認を受けて、総裁が決定する。

政策を作る政務調査会を、独立した機関としています。政務調査会の中には、「文部科学部会」「厚生労働部会」などの省庁に対応した専門の部会があり、部会長のもとで政府が提出した法律や議員が作った政策について自由に議論し、賛否を決定します。しかも部会には全議員が参加でき、自由に発言ができます。筆者の記憶では、日本社会党は部会への参加を制限していました。

自民党は、部会長の意思で自由に政策をつくることができます。部会で了承された政策は、政調審議会、総務会で了承されて党の政策となります。このように自由に様々な政策を提言できる体制になっています。

なお、政策だけでなく、総務会など他の組織も所管事項を自由に決定できるので、党運営も自由で民主的な分権型組織になっています。共産党の「党大会から党大会までの指導機関は中央委員会である」というような指導機関はありません。

自民党の党則の歴史

このように自民党の民主主義は、自由で民主的な分権型組織です。源流は、明治時代の政党にさかのぼります。

一八九二年、立憲自由党は、藩閥政治に対抗し、院内に政務調査局をつくります。一九〇一年、立憲政友会は、行政、財政、経済、外交などの調査局を置き、各局に委員長を一名置き、各調査局の案は総務委員会に提出することとしていました。現在の自民党の各部会で政策を決定し、その政策の是非を総務会で決定する意思決定システムの原型といえます。

一九一六年の憲政会の会則は、第二十四条に「政務調査会長一人、総裁之を指名す」とあります。一九二四年の政友本党党則第六条は「本党に政務調査会を置き」とあり、その後の立憲政友会や立憲民政党も同じ規定を継承します。立憲政友会、立憲民政党は、衆議院常任委員会に所属する議員を部会に配属しました[61]。

そのため、大日本帝国のもとで政府提出法案は三四二一件、衆議院提出法案は二九一四件と、政府だけでなく衆議院議員も活発に法案を提出しています[62]。

日本の民主主義は、戦後、ＧＨＱによって突然作られたものでなく、様々な見方はありますが、大日本帝国憲法のもとでも議会制民主主義は着実に定着していたのです。

第二次大戦時、大政翼賛会がつくられ一時、政党政治は萎縮しましたが、戦後、立憲民政党が日本進歩党へ、立憲政友会が日本自由党へと引き継がれ、政務調査会方式は継承されています。例えば、一九四六年、日本自由党党則第十条は、

「党は本部に政務調査会を置き各般政務調査に当たらしむ」

と規定しています。

明治以降の政党の組織機構の歴史を見れば、自民党は立憲政友会や立憲民政党の後継政党の日本自由党と民主党が保守合同により設立されたものです。自民党の源流を辿れば、明治の自由党や政友会に辿り着きます。自民党の歴史は、党名は変更していますが明治から続く政党といえます。

筆者は長年、政党で働いてきましたが、英国の哲学者デイヴィッド・ヒュームが「自由な国家には党派はつきものであり、否定すればむしろ自由も失われる[63]」と述べるように政党の役割には色々ありますが、「政党は国民が暮らす土俵を維持することだ」と極めて微力ながら考えて活動してきました。この「土俵」は政党の規約と密接に関係しています。自民党は、皇室や伝統・文化を継承し、資本主義、議会制民主主義のもと基本的人権を尊重し、欧米先進国と同じ価値観のもとで日々の暮らしの「土俵」をつくってきました。この多くの人が空気のように当たり前と思っている「土俵」を維持し続けていることが、簡単に見えて実は大切なことなのです。現代の日本人から見れば言論や表現の自由は当たり前かもしれませんが、実は、自由のない国が多いのです。

自由民主党と日本共産党の比較

	自由民主党党則	日本共産党規約
組織原則	民主主義	民主集中制
党員の支部	地域支部、職域支部	党員三人以上で支部 党の基礎組織
党員、 支部の任務	〈党員〉 党則を守る 党候補者を支持する 党活動に参加する 党費を納める、等	〈支部〉 職場等で党を代表し活動する 職場等で多数者の支持を得る 党勢拡大、機関紙活動に とりくむ、等
政策	部会、政調審議会、 総務会等	中央委員会、中央委員会 幹部会、常任幹部会等
党首の任期	三期九年	なし
派閥	自由	派閥・分派はつくらない

中国を見れば分かるように仮に共産主義社会になれば、言論の自由が制限されるなどこれまでの「土俵」を破壊してしまいます。そのため、近年、中国やロシアの台頭に対し「民主体制を権威主義国家の攻撃からいかに守るか[64]」などの主張が繰り広げられているのです。

欧米の二大政党政治は、同じ「土俵」の上で競い政権交代を行っています。同じ「土俵」の上で与野党が、安全保障や外交、経済、社会保障、教育など、時には移民受け入れやＬＧＢＴなど様々な政策を競い合っているのです。

第三章　日本共産党の歴史

1　戦前の日本共産党

コミンテルン日本支部の誕生

この章では、日本共産党の歴史を辿ります。共産党の歴史を①戦前、②占領下、③五一年綱領の時期、④六一年綱領の時期、⑤ソ連と中国の干渉の時期、⑥二〇〇四年綱領の時期、と六期に分けて紹介します。この六期の歴史を理解すると、共産党の考え方や綱領がどのように変化してきたか理解できます。

それでは、戦前の歴史から見ていきましょう。

一九二二年七月十五日、日本共産党は東京・渋谷の伊達町で創立されました。荒畑寒村、堺利彦、山川均らが執行部となり、委員長に堺を選出します。三人はいずれも作家、評論家といった著述家であり、かつ社会運動家です。この日を記念して、日本共産党の党創立記念日は七月十五日とされています。発足当初、党員は一〇〇人程度であり、十一月にコミンテルン第四回大会で日本支部として承認されました。

共産党は、非合法の政党として出発したため、治安警察法や治安維持法で厳しく取締りを受けたため日本共産党綱領は、戦前の日本社会は「世界の資本主義諸国のなかでも、もっとも野蛮[65]」な国と捉えています。この当時の共産党について立花隆は、『日本共産党の研究』の中で、こう述べています。

「実際問題として非合法政党であるのだから、言うは易く行なうは難い。共産党は、そのために、武装して自衛しながら大衆の前での公然活動をするという方針をとった。ここからこの時代の共産党が〝武装共産党〟と呼ばれるようになった[66]」

『赤旗』の創刊

一九二八年二月一日、党中央機関紙『赤旗《せっき》』が創刊されます。しかし、三月十五日には、約一六〇〇人の党員と関係者が検挙され、翌年四月十六日にはさらに約一〇〇〇人が検挙され、党幹部のほとんどが検挙されてしまいました。この時代についての共産党の歴史観は、天皇絶対の専制政治、暗黒政治との不屈の闘い、治安維持法などの弾圧に屈せず闘いぬいたというものです。党史への誇り、プライドが感じられます。

その一方で、佐野学や鍋山貞親など多くの共産党幹部や党員が、共産党を脱党しています。佐野と鍋山は、一九三三年六月八日、「共同被告同志に告ぐる書」と題して共産党を脱党する理由を二百余名の共同被告に宛てて、「コミンテルンがソ連邦の目前の利害から日本共産党に敗戦主義を課しているのは有害である」「コミンテルンは日本の君主制をロシアのツァーリズムと同視し、それに対し行った闘争をそのまま日本支部に課している[67]」など、共産党の誤りを指摘しています。

少し解説を加えておきましょう。戦前の日本共産党綱領は、コミンテルンの指示で作成されています。例えば、一九三二年の三二年テーゼを見ると、明治以降の日本について「強盗的日本帝国主義は、植民地略奪」を行ってきたと見ています。天皇制についは、「一八六八年以後に成立した絶対君主制」「天皇制国家機構は、現在の独裁の強固な背骨」と見ています。このように共産党の明治以降の歴史観は、天皇制ファシズム論です。いわゆるコミンテルン史観、講座派的マルクス主義史学とも呼ばれます。

また、「天皇制が転覆されたのちは、ブルジョア民主主義革命を社会主義革命に強制的に転化せしめる」「日本の共産主義者はただに敗戦主義者たるばかりでなく、さらにすすんでソビエト連邦の勝利と中国国民の解放とのために積極的に闘わねばならぬ」と、日本共産党が天皇制の転覆、日本の敗戦、ソビエトの勝利、中国共産党の支援のために闘うことを規定しています。日本の敗戦のために闘うので「祖国敗北主義」や「敗戦革命」と呼称されています。

どのような歴史観を持とうと自由ですが、天皇制ファシズム論に違和感を持つ日本人は多いでしょう。日本がソ連や中国の共産党支援のために闘えという主張に至っては無茶苦茶ですから、脱党したくなる気持ちもわかります。フランスの科学者ルイ・パスツールは、「学問に国境なく、学者に祖国あり」との箴言を遺しています。佐野学などが祖国を裏切るような日本共産党の祖国敗北主義を知って転向したのも当然です。

こうした主張をしていた戦前の共産党は、党幹部の大部分が検挙されていたため活動期間が短く、不破は、「ここに日本共産党ありという旗を国民の前に立てて活動できたのは、二八年二月の『赤旗』発行から三五年三月の党中央の解体までの七年間だけでした」と『日本共産党史を語る[68]』に記しています。

理論家・活動家を輩出

余談ですが共産党では、徳田球一のほかに数多くの理論家を輩出してきました。例えば、一九〇〇年（明治三三年）、北海道生まれの野呂栄太郎は、慶応大学在学中から史的唯物論の立場から『日本資本主義発達史』を執筆した俊英です。野呂が中心となって岩波書店から『日本資本主義発達史講座』を刊行し、「講座派」の理論的指導者となります。野呂は、共産党の責任者になり宮本顕治らと党再建に奔走しますが、検挙され拷問により病状が悪化し三三歳の若さで命を落とします。

命を落とした人々には、小林多喜二（作家）、渡辺政之輔（政治運動家）、飯島喜美（同）など、多くの人々がいます。野呂のように戦前、検挙され、共産主義革命のために命を落とした先人たちの純粋な精神が、今なお継承されているのも共産党の強さといえます。

野呂と異なり、一世を風靡した理論家に福本和夫がいます。福本は、一八九四年（明治二七年）、鳥取県に生まれ、東大法学部卒業後、内務省に採用され、文部省研究員として英独仏に留学します。大量のマルクス関係の書籍を読破し、「福本イズム」を打ち立てました。福本のように共産主義者には、俊英が多いのも特徴です。労農派マルクス主義の理論家・山川均を批判し、前衛党論を掲げる「福本イズム」は、難解ですが多くの学生や知識人から人気を博します。しかし、コミンテルンから批判され失脚し、戦後、共産党から除名されます。

共産党綱領のマルクス主義歴史観である天皇ファシズム論は、近年、当然ながら歴史研究においては没落します。しかし、日本近現代史研究家の黒沢は、「マルクス主義史学の系譜にたつ研究者の多くが、戦前日本の侵略性、とくに中国・アジア侵略の具体的側面を明らかにしようという流れを指向した[69]」と述べています。この指向は現在も、日本の歴史学に大きな影響を与えています。

2　戦後占領下での発展と平和革命路線

GHQによって解放

ここからは、占領下の日本共産党を見ていきましょう。

一九四五年八月十五日、日本はポツダム宣言を受諾し終戦を迎えました。九月二日には、戦艦ミズーリ号で重光葵とマッカーサーが降伏文書に調印します。余談ですが、この時、ミズーリ号に掲げられた星条旗は、ペリーが来日したときの蒸気船に掲げてあったものです。筆者も訪れましたが一八四五年に設立されたアナポリスの海軍兵学校に展示されています。

十月四日、占領統治を始めたGHQは、治安維持法の撤廃と政治犯の釈放を要求する指令（覚書）を発表します。約二二〇名の共産党員が獄中から解放され、徳田球一、宮本顕治、袴田里見、黒木重徳、志賀義雄などは出獄と同時に、「党拡大強化促進委員会」を作りました。機関紙『赤旗』を再刊し、党本部は、渋谷区千駄ヶ谷の溶接学校跡地（現在の党本部）に置きます。戦争に反対した共産党員たちの出獄は、凱旋将軍を迎えるように国民に歓迎されます。

十一月、社会大衆党の後継政党として日本社会党が、政友会、民政党の後継として日本自由党、日本進歩党が結党されます。十二月、共産党第四回党大会が一九年ぶりに開催され、徳田球一が書記長に選出されます。この時の党員数は、一八一三人。

党大会で採択された行動綱領の特徴は、アメリカを帝国主義でなく解放軍ととらえ、「専制主義と軍国主義からの世界解放の軍隊として連合国軍の日本進駐によって、日本における民主主義的変革の端緒が開かれるにいたった」

と、アメリカ軍の駐留に賛同していることに特徴があります。共産党は戦後、合法政党になったのですからアメリカ軍を解放軍と捉えたのは当然でしょう。この時期は、容共的なGHQの民政局が影響力を持っていたこともあって、日本共産党は米軍に好意的でした。

GHQと歴史観で一致

この時期、GHQと日本共産党は歴史観においても一致を見せます。十二月八日、GHQは新聞の朝刊に「太平洋戦争史」を連載し、日本の侵略によって太平洋戦争が始まったという歴史観を定着させます。翌年、『太平洋戦争史[70]』は高山書院から出版され、学校の歴史教科書の副読本として使われます。マルクス主義歴史観は、日本を侵略国、ファシズム国と捉える太平洋戦争史観や東京裁判史観と同じ歴史観です。ハーバート・ノーマンの『日本における近代国家の成立』や家永三郎の『太平洋戦争』、羽仁五郎の『日本人民の歴史』、大塚史学を打ち立てた大塚久雄など、弁証法的歴史観が大学やマスコミ、進歩的文化人に定着していくことになります。同様にマルクス主義経済学は、河上肇、大内兵衛、向坂逸郎、山川均、宇野弘蔵やその後継者など多くの学者や知識人によって大学や学会、マスコミなどに浸透し現在にも脈々と受け継がれているのです。

東大を追われた土方成美は、占領初期、アメリカが共産党の活動を容認し、「国外に亡命していた野坂参三の如きは凱旋将軍の如く日本に迎えられた。後になって占領軍の政策は転換したが、もはや時期すでに遅しであった[71]」と述べています。

一九四六年一月、占領軍は公職追放の名簿を発表しました。衆議院議員について見ると、日本進歩党二七四名中二六〇名、日本自由党四六名中一九名、日本社会党一七名中一一名、現職議員の大部分が公職追放されます。こうした動きも、共産党にとっては歓迎すべきものだったのは言うまでもありません。彼らは戦時中に非合法化されていたがゆえに、戦争に関連した責任とは無関係だったのです。

平和革命論

一月十二日、野坂参三が中国から帰国し、二月に第五回党大会を開きました。党員は六八四七人、『アカハタ』は二五、六万部を超えたと発表されています[72]。大会宣言は、「日本共産党は、現在進行しつつある、わが国のブルジョア民主主義革命を、平和的に、かつ民主主義的方法によって完成することを当面の基本目標とする」

と、平和革命論を掲げます。この大会宣言について野坂参三は、

「一番の中心問題は、暴力革命をわれわれはさけるということである。ある人は、レーニン主義というといつでも暴力革命を主張するというふうに考えているが、これは正しくないと思う。レーニン自身平和的な社会主義革命を遂行するという方針をたてている」

と述べています。しかし、この平和革命論について、「淑女が銀座の街を歩くような」しとやかな光景ではなく、

「われわれはなんにもしないでおとなしくするのではない。……あくまでわれわれは戦闘的でなければならない。この意味においては、諸君が平和というのはおとなしくやると誤解するのは正しくないと思う」

と、平和的に革命を行うが戦闘的に行動するのだと述べています[73]。さらに野坂は、民主集中制について、

「共産党の特徴は組織的な点で、民主主義であると同時に集中的である。……各自が自由に討論することができ、批評することができ、一つの問題をトコトンまで完全に討論して、その結果として一つの結論がうまれる。……それができ上れば、この決定にたい

しては全員が服従しなければならない。……共産党は鉄の規律をもつ、討論はするが一たん決定されれば絶対に服従しなければならない[74]」

と分かりやすく解説しています。

当時の野坂参三についてGHQ民政局のジャスティン・ウィリアムズは、『マッカーサーの政治改革[75]』において、

「共産党の政策立案を一人で担っていた観のある野坂参三は、どのような基準からみても、最も傑出した日本人だった。……彼が一九四四年に書いた『日本共産党の計画』と題する五ページの文書は、中国の延安でアメリカの外交官の手に渡り、一九四五年の降伏後におけるアメリカの初期の対日方針に驚くほど大幅に織り込まれた」

と記しています。GHQにとって野坂の文書が一種の参考書になっていた、というのです。この『日本共産党の計画』は、GHQ政治顧問部（POLAD）から民政局に手渡されます。民政局長はコートニー・ホイットニー、課長はチャールズ・ケーディス、係長はガイ・J・スウォープで、ウィリアムズは日本の立法当局者との折衝の中心人物でした。

POLADには、重慶の元米国大使館員のジョージ・アチソン・ジュニア公使、参事

官のジョン・S・サービス、政務連絡官のジョン・K・エマーソンらがいて彼らは毛沢東に好意を持っていました。ジョン・サービスは、国務省のジョン・エマーソン、ジョン・カーター・ヴィンセントと合わせて「『三人のジョン』と呼ばれる親中国共産党トリオ[76]」でした。

ウィリアムズは、ワシントンからGHQへの指令は、「オーエン・ラティモア、アンドリュー・ロス、野坂参三、それに国務省内の中国派の考え方が色濃くにじんでいた」と述べています。この一九四四年九月八日付けの『日本共産党の計画』の内容は、軍国主義者を追放する、戦争責任がある軍国主義者と政治家に懲罰を科す、大資本の権力と影響力を打破する、労働組合を認める、人民民主主義政府を樹立する、などが書かれています。アンドリュー・ロスが一九四五年に出版した『日本のジレンマ』は、野坂の計画を支持し、天皇制廃止を主張していました。

モスクワからは独立しているという主張

アメリカが共産党とタッグを組んでいたかのような状況は、現在の読者には信じがたいかもしれません。その背後にはソ連がいると考えるのが普通でしょう。しかし、ウィリアムズは野坂に会って、日本共産党とコミンテルンやソ連との関係を調べたものの、「われわれの諜報機関は、日本共産党はモスクワから完全に独立しているという野坂の主張を論破する証拠を入手できなかった」と述べています。このように占領初期、GHQ民政局と野坂参三や日本共産党は、密接な関係にあったといえます。

もちろん蜜月は長く続きません。米ソ冷戦構造の中、マッカーサーの共産党や組合活動への対応は次第に厳しくなっていきます。一九四七年一月三十一日、マッカーサーは、二月一日に予定された全国一斉ストライキに対しゼネスト中止の指令を出し、ゼネストを中止させ、反共政策を強めます。

そんな中、三月には共産党系労働組合の全労連（全国労働組合連絡協議会）が結成され、四月の新憲法公布後初めて行われた衆議院総選挙では、共産党は四議席を獲得します。

この頃の海外の状況を見ておけば、一九四六年三月、英国保守党党首のチャーチルが米ミズーリ州で「鉄のカーテン」演説、四七年三月にはトルーマン・ドクトリンで共産主義封じ込め政策を発表、四八年一月、アメリカのロイヤル陸軍長官がサンフランシスコで「日本を反共の防波堤にする」と演説し、反共の気運が高まります。これに対抗する動きとしては、四月にソ連のベルリン封鎖があり、九月には北朝鮮が建国され、一九四九年十月には中華人民共和国が誕生しました。

世界中で共産主義を巡る対立構造が高まる中、日本では一九四九年一月二十三日、衆議院総選挙で共産党が三五議席を獲得。翌日、中央委員会総会が開かれ「革命近し」「革命の条件は成熟しつつある」「革命勢力さえ強くなれば、占領軍はその障害にならない」との報告がなされ[77]、九月革命説が流布するほど共産党は勢いづきます。

そんな中、国鉄総裁が轢死体で発見される下山事件、三鷹駅での無人電車暴走の三鷹事件、東北本線の列車転覆（松川事件）など不穏な事件が発生し、国民に不安感が広まります。

同年七月四日、マッカーサーは、「日本は不敗の反共防壁」の声明を発表し共産党への警戒を強めます。また、七月十九日、ＧＨＱ民間情報教育局顧問のイールズが新潟大学で共産主義教授の追放、学生スト否認のイールズ声明を行います。四〇年代後半は、米ソ冷戦の激化に伴いＧＨＱ民政局の影響力が弱まり、マッカーサーの占領政策は容共政策から反共政策に大きく転換していきます。

3　五一年綱領の暴力革命論と五〇年問題

武装闘争が成功の理由

一九四九年十一月、世界労連の「アジア・大洋州労働組合会議」が開催されます。この時、中華人民共和国の国家副主席である劉少奇は、中国人民が勝利した理由を「武装闘争は、多くの植民地・半植民地国家の人民解放闘争の主要な形態となる」と述べています。革命が成功した理由は武装闘争にあるという考え方です。

ソ連や中国の革命の成功を見て、日本のジャーナリズムや進歩的文化人の間に社会主義革命を日本でも実現できるという考えが広まり、マルクスやレーニンに加え、スターリン、毛沢東、劉少奇などの著作が盛んに読まれます。稲垣武が『「悪魔祓い」の戦後史』で書いているように、進歩的文化人の間に共産主義信仰が広まっていったのです。

五〇年問題

一九五〇年、日本共産党にとって党史を揺るがす大事件「五〇年問題」が起きました。「五〇年問題」は一般の人には馴染みがない言葉と思いますが、共産党にとっては大問題だったのです。きっかけは一月六日、スターリンが主導して作ったコミンフォルム（共産党・労働者情報局）の機関紙「恒久平和と人民民主主義のために」紙上に発表された「日本の情勢について」という論評でした。論評は、日本共産党の「占領下の平和革命論」は、「アメリカ帝国主義賛美の理論」であり「日本人民大衆をあざむくもの」と、野坂参三の名前を挙げて厳しく批判します。これが、「五〇年問題」の始まりです。

朝鮮戦争を目前に控え、スターリンは日本共産党に冷戦の傍観者でなく主体者となってソ連の勝利のため貢献すること、武装闘争を開始することを要求したのです。事実、前年三月、北朝鮮主席の金日成がモスクワを訪れ、韓国に侵攻することを伝え、朝鮮戦争は目前に迫っていました。

野坂参三（1892-1993年）

一九五〇年一月十二日、コミンフォルムの論評に対し日本共産党政治局の多数は、論評はデマではないかと判断し、デマでない可能性が高いと主張する宮本顕治たちの反対を押し切って「『日本の情勢について』に関する所感」を発表します。所感の内容は、コミンフォルムの平和革命論への批判は、「日本の情勢を十分考慮していない」と反論したものです。

一方、宮本は、論評の中の「日本共産党のアメリカ帝国主義への態度が明確でない」などの批判は評価できると判断します。

徳田と宮本で意見が分かれる中、十七日、中国共産党機関紙『人民日報』は、社説でコミンフォルム論評を支持し、徳田たちの書いた「所感」を批判します。ソ連と中国の共産党が日本共産党を批判したため徳田たちは驚き、十八日から二日間、拡大中央委員会を開催し、「所感」の撤回とコミンフォルムの論評に対して「積極的意義を認める」とした決議を行います。野坂は、「私の自己批判」を発表します。

二十三日、徳田は、宮本の九州派遣を強引に決めました。要は宮本たちの排除を計ったのです。党の亀裂は深まり、徳田たちを「主流派」もしくは「所感派」、宮本たちをコミンフォルムの論評を最初から評価したことから「国際派」とも呼称します。こうして党は徳田派と宮本派に分裂しました。

反米路線へ

二月十四日、中ソ友好同盟相互援助条約が締結され、共産党の志賀義雄は二月の衆議院本会議で、中ソ条約を「全面的に支持する」と表明します。東大総長の南原繁は、三月の卒業式で日本の永世中立、全面講和を主張しました。

この頃、国内では戦争終結のための講和条約について、二つの立場がありました。とりあえず国際社会に復帰するために、アメリカなどと講和条約を結ぼう、というのが政府の立場で、これは「部分講和」の立場です。一方で、ソ連を含めたすべての国と結ぶのが筋だ、と主張するのが「全面講和」です。南原に代表される、ソ連にシンパシーを強く持つ言論人たちの中で全面講和論を唱える人は多かったのです。

首相の吉田は南原を「曲学阿世の徒」と非難しました。本来合理的に考えれば、部分講和しかないことは明らかです。

共産党もまた、全面講和を強く唱えた勢力の中心にいました。三月二十二日、日本共産党は、拡大中央委員会の決定に基づいて「民族の独立のために全人民諸君に訴う」を発表し、アメリカとの講和でなく、ソ連や中国を含めた全面講和と米軍など占領軍の撤退を要求します。

激化する対立

そんな中、四月二十日、京都府知事選が行われ、社会党、共産党の推す蜷川虎三が当選しました。革新自治体のさきがけです。蜷川は以後七期も当選します。

反米を唱える勢力の拡大は、当然、占領軍との対立を激化させていきます。五月二日、東北大学でイールズの反共講演が学生の反対で中止に追い込まれました。占領軍への抵抗は過激化していきます。

こうした状況を受けて、五月三日、マッカーサーは憲法記念日の声明で、日本共産党はソ連など「国際的略奪勢力の手先となって、破壊的宣伝をする役割を引き受けた」と述べ、共産党は法的に保護するに値するかと疑問を提起しました。

五月三十日、皇居前広場で共産党を支持するデモ隊と占領軍が衝突する、いわゆる「人民広場事件」が発生し、アメリカ軍兵士が暴行を受けました。当時の朝日新聞を見ると、「人民決起大会場で米将校らに乱暴」「一万五千名（丸の内署調べ）が参加、午後二時半から都心のデモ行進に移ったが、大会中参加労組員が進駐軍関係者に暴行を加え、加害容疑者八名が検挙される[78]」と報じています。

六月六日、過激化する日本共産党に対しマッカーサーは、中央委員二四名の公職追放を行い、翌七日、アカハタ編集員など一七名を追放します。徳田を中心とする主流派は、宮本や志賀義雄など国際派七人を排除して、「臨時中央指導部」（臨中）を設置します。徳田や野坂たちは中国に亡命し、ソ連共産党、中国共産党の指示のもと「北京機関」を結成。共産党は徳田派と宮本派に完全に分裂状態になります。

六月二十五日、北朝鮮軍が三八度線の国境を越え韓国に侵入し、遂に朝鮮戦争が勃発します。韓国へ日本駐留の米陸軍四個師団が派兵され、日本がパワーバランスの空白地帯になるためマッカーサーは、七万五〇〇〇人の警察予備隊の創設を許可します。長官に増原恵吉が就任し、後に警察予備隊は自衛隊に改組されます。

七月には、共産主義を排除した反共主義の日本労働組合総評議会（総評）が結成され、アメリカの朝鮮戦争関与を支持します。八月にGHQは、新聞協会代表にレッドパージを勧告し、共産党系の労働組合である全労連に解散を指令します。九月には、閣議で公務員のレッドパージの方針を決定します。

武装蜂起を掲げた「軍事方針」

一九五一年二月二十三日から二十七日にかけて大会に準ずる共産党の第四回全国協議

会が開催され、ソ連、中国共産党の指示で行動方針を採択し、その中に「軍事方針」を入れます。

「軍事方針」は、アメリカ帝国主義はアジアで侵略戦争を行っているとアメリカを厳しく批判します。米帝国主義の暴力支配から日本国民を解放するため、中核自衛隊を組織して武装蜂起すること、労働者は遊撃隊を組織すること、山村を根拠地にして革命工作を行うことなどを掲げています。

同年八月、コミンフォルムは徳田派が開催した「四全協」（第四回全国協議会）の支持を表明し、宮本たちを分派活動と見なします。全国協議会は、党大会に次ぐ全国会議です。同年十月、徳田たちは五全協を開催し、五一年綱領と軍事方針を採択します。綱領は、「日本共産党の当面の要求」と題してスターリン主導の下につくられました。本書の五一年綱領は、『日本共産党の五〇年問題について』[79]に掲載されている「五一年文書」を引用しています。

五一年綱領は、「日本は、アメリカ帝国主義者の隷属のもとにおかれ、自由と独立をうしない、基本的な人権さえうしなってしまった」とアメリカをアメリカ帝国主義者と批判しています。同時に、「日本の解放と民主的変革を、平和の手段によって達成しうると考えるのはまちがいである」と、これまでの「平和革命論」と一八〇度違う「武装闘争必然論」を掲げています。

不破の『日本共産党史を語る』[80]から「軍事方針『われわれは、武装準備の方針を開始しなければならない』（要旨）」を引用抜粋すると、

イ．われわれが軍事組織をつくり武装し、行動する以外にない。
ロ．軍事組織の最も、初歩的な、また基本的なものは、現在では中核自衛隊である。
ハ．工場や農村での抵抗自衛隊による抵抗自衛闘争は、軍事問題を発展させる当面の環である。
ニ．われわれの軍事的な目的は、労働者と農民のパルチザン部隊の総反攻と、これと結合した、労働者階級の武装蜂起によって、敵の兵力を打ち倒すことである。

などの武装方針を規定しています。「軍事方針」は暴力革命のテキストとして『山鳩』、『球根栽培法』、『新しいビタミン療法』、『遊撃戦の基礎戦術』、『栄養分析表』などの非合法雑誌に掲載され、暴力闘争が実行されます。誌名と内容がまったく合っていないの

は、カモフラージュのためです。

これらの非合法雑誌の概要を『日本の暴力革命テキスト[81]』を参考に簡単に紹介すると、次のような内容です。

『山鳩』は、四全協で採択された「軍事方針について」を全文掲載し、長文の誌面になっています。

『球根栽培法』は、冒頭に「軍事路線学習シリーズNo．1」と記して、「われわれは、軍事問題を真剣に取り上げ、それを行動にうつさなければならない」と、五一年綱領を実現するために軍事行動を行うべきことを呼びかけています。そのために、武装の準備と行動を開始すること、軍事組織をつくること、パルチザンを組織することなどを掲載しています。

『新しいビタミン療法』は、冒頭に「軍事路線学習シリーズNo．2」と記し、中核自衛隊は将来の軍事行動の基本になること、将来正規軍になる独立遊撃隊は細胞を支援することなどを記しています。

『遊撃戦の基礎戦術』は、冒頭に「軍事路線学習シリーズNo．3」と記し、敵の武器に対抗できない場合の遊撃戦術などを解説しています。

『栄養分析表』は、表紙に「昭和二六年十月　厚生省衛生試験所」とカモフラージュし、ページをめくると時限爆弾、ラムネ弾、火焔手榴弾などの製造方法が記されています。

日本の独立

このように五一年綱領によって日本共産党は、平和革命路線から暴力革命路線への転換を行い、ソ連の朝鮮戦争での勝利のために武装蜂起も辞さない団体となりました。武装集団である「中核自衛隊」や「山村工作隊」などを設置し、火炎瓶闘争、警察官襲撃事件など各地で激しい武装闘争が繰り広げられ死傷者を出します。具体的には、印藤巡査殺害事件、金田村農村工作隊事件、小河内山村工作隊事件、皇居前メーデー騒擾事件など多くの事件が連日新聞に報道されます[82]。こうした犯罪が一般に理解されるはずはなく、国民の共産党への不信が高まります。

そんな中、一九五一年四月の統一地方選挙では、都道府県六人、市区町村四八九人の議員を当選させ、共産党の強さを発揮します。一方、九月八日、首相の吉田は、サンフランシスコ講和条約、日米安全保障条約に調印し、翌年四月二十八日に発効します。日米安保条約に基づいて米軍が駐留する中、日本は独立を果たします。

一九五二年に入ると、血のメーデー事件、火炎瓶事件など数多くの武装闘争、騒擾事件が起きます。そのため五二年の衆議院総選挙では、国民の武装闘争への警戒感から共産党の獲得議席は前回の三五議席からゼロに激減します。

一九五三年三月にスターリン、十月に徳田球一が死去します。これが一つの転機となりました。

一九五五年七月に開催された六全協（日本共産党第六回全国協議会）では、五一年綱領に基づいた一連の武装闘争を「極左冒険主義である」と総括します。極左冒険主義もまたわかりにくいワードですが、要するに目標に向かって過激なことをするやり方を批判的に表現したものです。後に共産党は、「徳田同志を中心とする家父長的個人指導の体制は派閥的傾向をつよめ、党中央の団結に重大な危険となっていた[83]」と、徳田の家父長的指導体制を批判しています。

以上のように五〇年問題は、一九五〇年のコミンフォルムの日本共産党の平和革命路線の批判に始まります。共産党は、この批判を受け暴力革命論に移行し、火炎瓶闘争など過激な武装闘争を展開します。五五年七月の六全協で、暴力革命論や党内の亀裂を修復し、再び党の統一と団結を回復することを決議し、五七年十一月に「五〇年問題について」と題した文書が採択され、ようやく「五〇年問題」が終息するのです。五一年綱領は、党の分派・徳田派が行ったもので正式な決定でないという理由から「五一年文書」という単なる文書に格下げになります。

4　敵の出方論と自主自立への道

敵の出方論への修正

六全協における五一年綱領への批判を受け、新たな綱領の作成が始まります。

一九五八年七月、第七回党大会が中野公会堂と品川公会堂で開催され、野坂参三を議長に、宮本を書記長に選出します。大会では、「敵の出方論」を打ち出しました。

「どういう手段で革命が達成できるかは、最後的には敵の出方によってきまることである[84]」

こういう考え方に修正をしたのです。つまり、革命の方法論は、GHQ占領下では「平和革命論」、五一年綱領では「暴力革命論」、六一年綱領以降は「敵の出方論」と変化してきたのです。

党大会では、行動綱領と党規約を採択しました。行動綱領は、アメリカ帝国主義と日本独占資本の二つの敵に反対する方針を決定しています。このことを略称で「反帝反独占」と呼んでいます。

十一月には『アカハタ』日曜版の発刊を決め、「広範な党支持者」の獲得に努力していくことを決定します。宮本は、日刊紙の充実によって党勢拡大と財政基盤の確立の両輪を充実させます。また、統一地方選挙では地道に地方議員を増やし、地方議員の多さも共産党の強さになっていきます。このように宮本体制下で、現在の共産党の強固な基盤が作られていったのです。

民主主義革命という概念

一九六〇年十一月から十二月にかけて、モスクワで八十一カ国共産党・労働者党代表者会議が開かれました。日本からは宮本たちが出席します。会議で日本共産党代表団は積極的に発言し、ヨーロッパ以外の発達した資本主義の国では反帝・反独占の民主主義革命が必要なこと、革命が平和的な形態をとるか非平和的な形態をとるかは敵の出方によって決定されるなどが声明として採択されます。

声明の「民主主義革命」は分かり難い単語ですが、日本のようにアメリカ帝国主義と日本独占資本に支配されている国では、一気に社会主義革命を行うのでなく、その前に民主主義革命を行うべきだという論です。民主主義革命によって、「日本の独占資本主義と対米従属の体制を代表する勢力」から「日本国民の利益を代表する勢力」、つまり日本共産党と統一戦線が一緒になった政府に国の権力を移行させるという考え方です。

この声明の考え方は、六一年綱領に引き継がれます。普通に考えれば、日本国民がそれぞれ利益を代表する勢力を選ぶ手段として選挙があるのですから、革命などといった言葉は必要ないのですが、彼らにとってはあくまでも自分たちが権力を得ることこそが正しい、民主主義革命の次に資本主義を廃止し社会主義革命を行い社会主義・共産主義社会を実現するという「革命」が前提にあるのです。

六一年綱領の決定

一九六一年七月二十五日から三十一日まで第八回党大会が世田谷区民会館で開催されました。野坂が開会の辞を述べ、宮本が綱領草案を報告し、歴史的な六一年綱領が決定されます。ここで六一年綱領を簡潔に紹介すると、以下のようになります。

第一の特徴は、「わが国は、高度に発達した資本主義国でありながら、アメリカ帝国主義になかば占領された事実上の従属国となっている」という見解です。

第二は、当面の革命は、民主主義革命とした点です。綱領は、「日本の当面する革命は、アメリカ帝国主義と日本の独占資本の支配――二つの敵に対するあたらしい民主主義革命、人民の民主主義革命である」としています。これは、「アメリカ帝国主義からの独立」いわゆる「反帝独立」と、「独占資本主義の横暴な支配への反対」いわゆる「反独占」の二つを結びつけた革命です。

第三に、多数者革命の道筋を示した点です。「多数者革命」とは、聞き慣れない言葉ですが、要は国会で過半数を占める共産党の入った民主連合政府をつくるという論です。不破の『議会の多数を得ての革命』によれば、エンゲルスは「共産主義の諸原理」という文書で多数者革命の道、「『民主主義的国家体制』のもとで、プロレタリアートが人口の多数を代表して、……選挙で議会の多数をえて政権を樹立するという道」を示していたと解説し[85]、多数者革命はマルクス・エンゲルスの時代からの論であると述べています。

多数者革命について六一年綱領は、民族民主統一戦線勢力が「国会で安定した過半数を占めることができるならば、国会を反動支配の道具から人民に奉仕する道具にかえ、革命の条件をさらに有利にすることができる」と述べています。ここで注意すべき点は、統一戦線勢力が国会で単に過半数を占め与党になることが最終目標なのでなく、「資本主義制度の全体的な廃止をめざす社会主義的変革に急速にひきつづき発展させなくてはならない」と述べているように、民主主義革命を達成した後は資本主義を廃止する社会主義革命の実現を目指している点です。

第四に、社会主義社会と共産主義社会の違いを示しています。社会主義社会は共産主義社会の第一段階で、「各人は能力におうじて働き、労働におうじて報酬をうける」という原則が実現される社会です。共産主義の高い段階では、「各人は能力におうじて働き、必要におうじて生産物をうけとる」ことができる社会としています。この区分は、レーニンの『国家と革命』で「社会主義社会は、共産主義社会の第一段階または低段階と呼んだ」と区分したのと同じ考え方です。

六一年綱領は、一部改正を行いながら二〇〇四年までの四〇年以上もの長期にわたり宮本体制の下で継承されました。さらに歴史観や、敵の出方論、民主主義革命などの基本的考え方は、現在の〇四年綱領にも引き継がれています。そのため第八回党大会は、歴史的大会と形容されています。また、宮本体制のように長期政権は独裁の危険はあるものの共産党の強さの一つといえます。

公安調査庁の見解

話は逸れますが、二〇一六年三月十四日、衆議院議員の鈴木貴子が、「日本共産党と『破壊活動防止法』に関する質問主意書」を政府に提出し、共産党は破防法の調査団体かどうか確認を求めています。これに対し政府は、

「日本共産党は、現在においても、破壊活動防止法に基づく調査対象団体である」

「いわゆる敵の出方論に立った『暴力革命の方針』に変更はないものと認識している」

「日本共産党が、昭和二十年八月十五日以降、日本国内において暴力主義的破壊活動を行った疑いがあるものと認識している」

という答弁書を三月二十二日、閣議決定しています。この答弁書に対し共産党書記局長の山下芳生は、

「公安調査庁は三六年間調査したが破防法の適用申請を一回もしていない」

「わが党は正規の機関で『暴力革命の方針』をとったことは一度もない」

「憲法上の結社の自由に対する侵害だ。厳重に抗議し、答弁書の撤回を求めたい」など、政府答弁書の撤回を要求しています[86]。

日本共産党への批判は、ソ連崩壊以降多くの人が躊躇していると「まえがき」で述べましたが、『公明新聞』は例えば二〇一七年六月二十二日に「オウムと同じ公安の調査対象[87]」と題し先の政府答弁書を紹介するなど、日本共産党の様々な問題点を掲載しています。

かつては、民社党の機関紙『週刊民社』の巻頭言を春日一幸が執筆していて、「共産主義に反対すること　それが人間であることの証拠だ」（昭和五十七年一月十三日）、「人間を軽視する悪魔の思想　共産主義と戦うことが人間の責務」（昭和五十七年十月十三日[88]）などと、共産主義、共産党の本質を理解した信念の政治家がいました。

しかし、共産党や共産党系の労働運動と対峙してきた民社党や同盟などが消え、日本社会党や総評も消え、有識者も共産主義・共産党批判を敬遠しています。ここに欧米との落差があります。

5 ソ連・中国二つの干渉攻撃との闘い

干渉主義との闘い

一九六〇年代の共産党について不破は、「ソ連のフルシチョフ、ブレジネフと二代にわたる干渉と、中国・毛沢東派の干渉と、二つの干渉主義との闘争が大問題でした[89]」と、ソ連、中国からの干渉との闘いが大問題であったと述べています。五〇年問題が解決し、六一年綱領が採択され落ち着きを取り戻した頃、ソ連・中国からの干渉攻撃という新たな問題が発生しました。

先ず、ソ連からの干渉について見ていきましょう。

ソ連は、一九四九年に核保有を発表、五七年の人工衛星打ち上げに成功するなど、アメリカ優位は揺らぎます。一九六一年一月、米国大統領にケネディが就任し、ニキータ・フルシチョフ第一書記（兼首相）とのウィーン会議、キューバ危機の解決、米ソ間のホットラインの開設などを実現しました。フルシチョフは、米ソ協調こそ平和を保障するとして平和共存路線に舵を切り、この考え方を世界の共産主義政党に押し付けてきます。

しかし、中国の毛沢東がこれに反発したことで、中ソ対立が激しくなります。一九六三年八月、フルシチョフは、米英ソ三カ国による部分的核実験停止条約を締結します。停止と謳っているとはいえこの条約は、地下核実験を容認し、核実験の全面禁止を放棄した条約でした。この条約についてもソ連は日本側に支持するよう圧力を加えました。これもまた干渉です。

一九六四年四月、ソ連は日本共産党に対し、「マルクス・レーニン主義から離反」「国際共産主義運動からの逸脱」などと批判する書簡を送ってきます。さらに共産党の議員に働きかけたことで、志賀義雄、鈴木市蔵の両議員は部分的核実験停止条約の批准に賛成します。そのため、共産党は二人を除名し、ソ連の干渉攻撃に対抗します。志賀たち二人は、「日本のこえ同志会」を結成します。

以来、ソ連は日本共産党員への分派活動の支援、原水爆禁止世界大会への干渉などを行い、ソ連共産党と日本共産党の対立が深まります。日ソ共産党の対立が解消したのは、一九七九年十二月、モスクワで両党首脳会談が開催され、書記長のブレジネフが干渉の誤りを認め以後行わないことを約束してからです。九〇年代にソ連崩壊でソ連の秘密文書が明らかになり、一九七七年に除名した袴田里見、一九九二年に除名した野坂参三は、ソ連と内通していたと言われています。

中国からの干渉

次に、中国の干渉について振り返ります。

一九六六年二月から三月にかけ、書記長の宮本を団長、岡正芳、上田耕一郎、不破哲三らを団員とした一行が、ベトナム、北朝鮮、中国を訪問しました。ベトナム労働党、朝鮮労働党との間でアメリカ帝国主義に対し反帝国際統一戦線を結成するコミュニケを発表します。宮本たちは中国共産党副主席の劉少奇らと会談し共同コミュニケに合意しました。

ところが毛沢東がこれを引っくり返します。ソ連を批判していない点、日本共産党は武装闘争路線に立ってない点などを批判し、共同コミュニケは破棄されたのです。

その年始まったのが文化大革命でした。毛沢東は講話で「ソ連修正主義、アメリカ帝国主義、佐藤反動内閣」と並んで日本共産党を「宮本修正主義集団」と呼ぶ「四つの敵論」を掲げました。

一九六七年には、中国共産党は『人民日報』で、日本共産党を「宮本修正主義集団」

と批判します。「四つの敵論」を旗印にして、日本共産党内に毛沢東派をつくるための分派活動を支援するなど干渉をエスカレートさせていきます。中国共産党は、日中友好協会、日本ジャーナリスト会議などに対しても毛沢東路線に立つよう干渉しました。以後、両党の間には深い溝が生じます。

両党が関係をようやく正常化するのは、一九九八年六月、北京で両党の関係正常化の合意が成立してからです。同年七月、不破を団長とし北京で江沢民総書記たちと、六六年に宮本が団長として北京を訪問して以来、実に三二年ぶりに両党の首脳会談が行われ、中国の干渉にようやく終止符が打たれます。

6　二〇〇四年綱領の時代と「共産党は除く」との闘い

現在に続く二〇〇四年綱領

最後の時期は、二〇〇四年綱領の期間です。〇四年綱領は、六一年綱領の「民主主義革命」や「多数者革命」を引き継ぎながら、約四〇年ぶりに綱領全体の見直しを行い現在に引き継がれています。

八二年の第一六回党大会で不破は、委員長に就任します。九七年の第二一回党大会で宮本は議長を引退しこれ以降、名実共に不破体制の時代になります。二〇〇〇年の党大会で議長に不破、委員長に志位和夫、書記局長に市田忠義が選出されます。ソ連の崩壊によって二〇世紀は共産主義、共産党の絶滅を目撃した世紀と言われる中、不破は綱領の改定に取り組みます。二〇〇四年一月、第二三回党大会で日本共産党史に残る歴史的な全面的な綱領の改定を行い、〇四年綱領が採択されます。

〇四年綱領では、ソ連について「ソ連覇権主義という歴史的な巨悪の崩壊」と述べ、ソ連を批判しています。これまで綱領では、社会主義社会と共産主義社会を区分してきましたが、「発達した資本主義の国での社会主義・共産主義への前進をめざす取り組みは、二一世紀の新しい世界史的な課題である」と規定し、区分を止めています。このことを不破は『党綱領の力点』で、「綱領では、未来社会を『社会主義・共産主義の社会』と表現することにしました」と記しています[90]。

志位体制の発足

その不破は二〇〇六年の党大会で議長を引退し、共産党の社会科学研究所長に就任します。党運営は志位に引き継がれました。志位は〇四年綱領は引き継いだものの、「日本共産党を除く」という非自民勢力の体制を変えようとしています。

この「日本共産党を除く」という体制は、一九八〇年一月に社会党と公明党が政権構想から共産党を排除することで合意したことが始まりです。この社公合意のきっかけとなったのは、「革新自治体下において社会党の党組織は弱体化の一途をたどり」「社会党が首長選挙で勝ちたければ、共産党か自公民のどちらかと組む必要があった」「革新自治体のもとで、共産党のみが勢力拡大をつづけていることに、社会党内で不満がくすぶっていた[91]」ことが要因と言われています。

この社公合意によって国会や地方自治体で「共産党を除く」という流れができます。そのため共産党は、一九八〇年二月、第一五回党大会で、党派を超えて団体や個人などと一緒になって革新の波を全国に広げるため「平和・民主・革新の日本をめざす全国の会」（全国革新懇）の結成を提唱します。翌年、代表世話人に宮本顕治や民間有識者、世話人に作家の松本清張や英文学者の中野好夫などが就任し、全国のすべての都道府県に全国革新懇が結成されます。不破は、「この革新懇には、無党派の人々とともに、社会党の『右傾化』に甘んじない社会党・総評系の人たちや、多くの文化人が、それこそ

『勇気』を持って参加してくれました[92]」と述べています。

一九九〇年代は、小沢一郎が自民党を離れ、自民か非自民かという対立構造が鮮明になっていきました。九一年にソ連が崩壊し、九三年に小沢一郎が自民党を割り、選挙は「自民か非自民か」で行なわれ非自民の細川内閣が誕生します。その後、政権はまた自民党側に移り、二〇〇〇年代は、二大政党による政権交代がテーマとなり鳩山・民主党政権が誕生します。この間も基本的に共産党は常に、他の野党とは共闘せず独自路線を走っていました。

しかし、二〇一四年の衆議院選挙で沖縄では「オール沖縄候補」が四選挙区で勝利し、翌年の平和安全法制がきっかけとなり、平和安全法制に反対しようと野党共闘を実現します。二〇一六年七月の参院選では三二の一人区全てに野党統一候補を立て一一の選挙区で勝利しています。

この間の経緯を志位は、以下のように解説しています。少し長い文章ですが、そのまま引用します。

これは、「日本共産党を除く」という「壁」が完全に崩壊したことを意味するものであります。歴史をたどりますと、この「壁」が最初に築かれたのが、一九八〇年の「社公合意」でした。「共産党排除」が両党の政権合意の中に書き込まれ、これを契機に、中央政治でも、地方政治でも、「日本共産党を除く」という状況がつくられました。……

一九九〇年代前半の「自民か、非自民か」というキャンペーン、二〇〇〇年代の「二大政党の政権選択」というキャンペーンは、どちらも日本共産党をはなから選択肢のそとに置いてしまうものでした。……

最初に党派を超えた共闘が始まったのは、二〇一四年の沖縄でした。辺野古基地反対の一点で「オール沖縄」の共闘体制がつくられ、名護市長選、沖縄県知事選、総選挙と連続勝利をかちとりました。この流れが、二〇一五年には、「戦争法案反対」という旗を掲げた野党と市民の共闘につながりました。それはさらに今、二〇一六年の参議院選挙で、「安保法制廃止、立憲主義回復」という大義の旗のもとに、野党と市民が全国的規模で選挙協力をおこなって国政選挙にのぞむという、日本の戦後政治史でも初めての画期的なたたかいへと発展しています[93]。

二〇一八年七月十五日、志位は党創立記念日の講演で、「（日本共産党を除くという）『壁』は崩壊し、過去のものとなりました」と、野党共闘に自信を示しています。欧米では共産主義は死滅しつつありますが、日本共産党は、戦前の非合法共産党から占領下の平和革命論、朝鮮戦争時の暴力革命論、宮本体制下で敵の出方論に変更し、党員や機関紙読者、地方議員を増やし、「共産党は除く」という壁を乗り越え野党との選挙協力を実現し、着実に日本に定着しているのです。

7　党員数と機関紙読者数の変遷

三島由紀夫も勧誘

ここまで、共産党の歴史を追うにあたっては、主に幹部らの言動を中心に見てきました。しかし、共産党の活動は、党員や機関紙によって支えられています。ここでは党員数や機関紙の部数がどう変遷してきたかを見ていきます。

筆坂秀世・元参議院議員は、共産党に入党した気持ちを「ぼろは着てても心は錦という気概なのだ」と回想しているように、共産党員には高い気概があります。作家の三島由紀夫は、文芸評論家の小田切秀雄に共産党への入党を誘われた時の様子を、

「氏が実にさりげなく、やさしい調子で、『君も党へはいりませんか』と言ったのである。氏はああいう調子の人だし、この言葉には、牧師が入信をすすめるような誠実さがこもっていた」

と、『私の遍歴時代』で回想しています。三島は、共産主義について、

「なぜわれわれは共産主義に反対するか？　第一にそれは、われわれの国体、すなわち文化・歴史・伝統と絶対に相容れず、論理的に天皇の御存在と相容れない[94]」

からであると、作家としての天才的感性から「反革命宣言」で共産主義を断固否定しています。このように共産主義を根本から否定する三島でさえ、「牧師が入信をすすめるような誠実さ」を感じたというのですから魅力的な勧誘だったのでしょう。

勧誘パンフレットの中味

日本共産党の入党を呼び掛けるパンフレットに、「あなたの人生を社会進歩と重ねて——入党を心からよびかけます」と題して以下のように記しています。

日本共産党は、綱領と規約を認め、党員として活動する意思があれば入党できます。入党したら、地域・職場・学園の支部に入り、

（1）支部会議に参加する

（2）実収入の一％の党費を納める

（3）「しんぶん赤旗」日刊紙を読む

（4）学習につとめ活動に参加する

という四つのことを大切にして活動します。

……日本共産党の創立以来九六年の歴史は、全国の地域・職場・学園に党をつくり、国民と広く深く結びつき、うまずたゆまず活動することによって切り開かれたものです。

この四つの原則が、他党の真似できない日本共産党の強さの源泉といえます。革命への気概と規律が込められています。入党すると、支部に入り、実収入の一％の党費を納め、『しんぶん赤旗』を購読します。日刊紙三四九七円、日曜版九三〇円（二〇一八年

までは八二三円)、両紙で四四二七円です。支部会議への参加、学習につとめ党活動に参加することになっています。党費は、実収入の一%なので年間の実収入が一〇〇万円なら一万円、五〇〇万円なら五万円で、自民党の党費は一般党員で年額四〇〇〇円なので、負担はかなり大きいといえます。

共産党委員長の志位は記念講演で、

「全国で約三〇万人の党員、約二万の党支部、二八〇〇人を超える地方議員を持ち、『しんぶん赤旗』を手に、草の根で国民と結びつき、草の根の力を集めて政治を変える[95]」

と、三〇万人の党員に胸を張っています。

話は逸れますが、日本社会党の党員数は、一九八三年に六万四〇〇〇人を記録していますが、概ね三万から五万人の間で推移していました[96]。社会党は常に「党組織の強化」を掲げていたものの、選挙では総評、労働組合に依存し、派閥抗争を繰り返し、といった調子で、組織強化を遂に果たせなかったため歴史から消え去ってしまいました。社会党が、国会議員数の割に地方議員や党員が少なく「逆ピラミッド」と言われる構造だったのとは対照的です。

党員数等の推移

共産党の党員数と『しんぶん赤旗』など機関紙読者数の変遷は、『日本共産党の六十年[97]』、『前衛[98]』（二〇一七年四月臨時増刊）などを参考に調べると以下のように変化しています。

党員数は、六一年綱領を決定した一九六一年は八万八〇〇〇人、八二年は四八万人、二〇一七年は三〇万人です。

また、党員とともに日本共産党の強さの源泉となっているのが『しんぶん赤旗』などの機関紙です。機関紙の読者数は六一年が三〇万、八〇年は三五五万、二〇一七年は一一三万人となっています。

支部数は、二〇〇〇年の二万六〇〇〇から〇六年に二万四〇〇〇、一八年には二万支部になっています。

また、主な政党への個人寄付額（二〇一六年）は、『月刊学習』（二〇一八年四月号日本共産党中央委員会発行）によれば、次の通りです。

日本共産党	八〇億二三六二万円
自由民主党	三九億七三五六万円
公明党	二五億六五六〇万円
民進党	一〇億四五三四万円
社民党	三億七八五二万円
日本維新の会	三億三七八八万円

日本共産党の個人献金は自民党の二倍、公明党の三倍以上です。個人献金の多さも共産党の強さの源といえます。

代々木に自前のビル

加えて、共産党の強さの大きな要因は、大きな党本部ビルと党職員の多さです。現在、党本部ビルを持っている政党は、自民、公明、共産の三党のみです。本部ビルの所在地が代々木であることから、共産党は俗称で「代々木」と呼ばれてきました。

職員数は、筆坂秀世の『日本共産党』によれば地区委員会までの常勤者数は二千数百

機関紙読者数

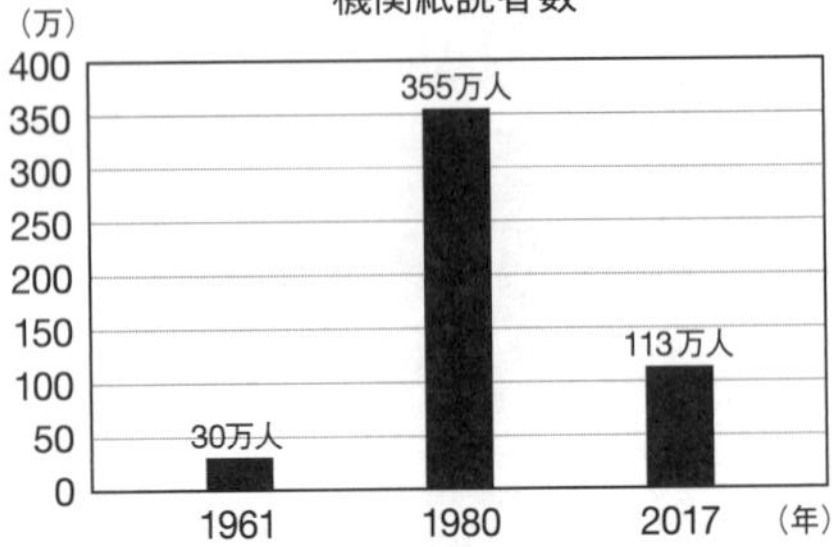

党員数

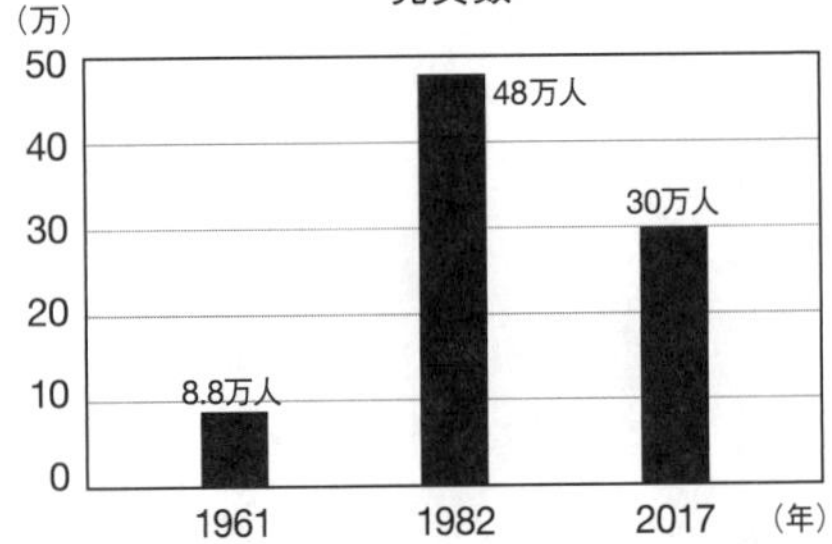

支部数

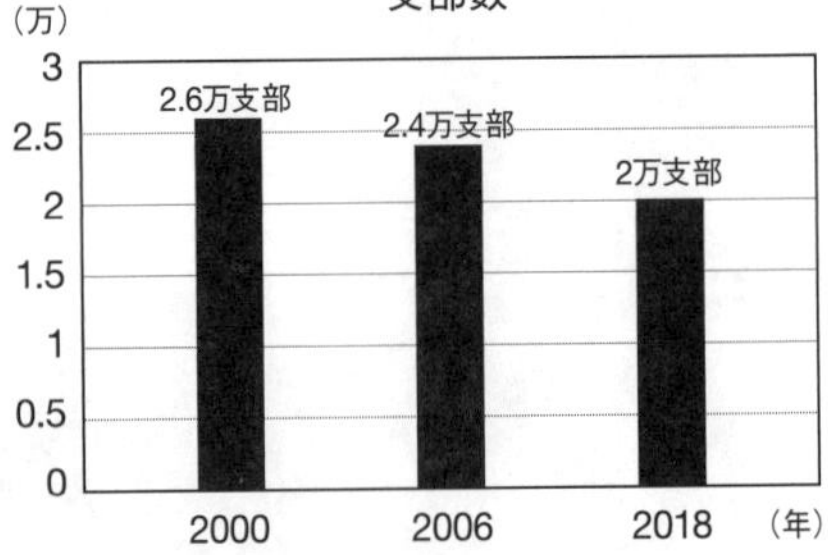

人と、政党の中で最も多い職員数を抱えています。やや古いデータですが『朝日新聞』の調べによれば党本部の職員数は、自民約一六〇名、共産約一〇〇〇名、公明約五四〇名で、共産党が一番多くの職員を抱えています[99]。

他方、社会党は、議員歳費に収入の多くを依存していたため、一九六九年の総選挙の惨敗を受けて、書記長の江田三郎は党職員の大幅なリストラを行います。江田は書記長という立場上、「自分と親しい者からくびを切らざるをえなかった[100]」ということです。社会党がリストラを行ったのとは対照的に、安定して職員を抱えていられるのも共産党の強さの一つといえます。

このように日本共産党は、結党以来、先人たちの地道な努力で、三〇万人の党員、一三万人の機関紙読者、二万の支部、一〇〇〇人の党本部職員、党所有の本部ビルを築いてきました。社会党や民社党、新進党、民主党など多くの党が政党史に現れては彗星のごとく消える中、一世紀近く党勢を維持・拡大しているのは、党員や赤旗の拡大などの地道な努力が背景にあるのです。筆坂は、「まさに地べたを這いずり回るかのような党員の活動が共産党を支えているのである[101]」と述べています。

第四章　革命家たちの物語

1　徳田球一の物語

利己心を去りきる

共産主義は誤りであると指摘されているのに、なぜ共産主義は広まるのか。なぜ多くの若者が革命家を志すのか。この謎を知るには、理論のみでなく、共産党トップの書記長や委員長たちがどう生きたのか、その思想や革命家としての覚悟を知る必要があります。

例えば、戦後、日本共産党の最初の書記長を務め「徳球《とっきゅう》さん」の愛称で呼ばれた徳田球一は、自著『獄中十八年[102]』で共産主義者の心構えをこう記しています。

共産主義者にとってなによりもたいせつなことは、利己心を去るということである。……

利己心を去りきるということは、口でいうほどにやさしいことではないが、いやしくも共産主義者であるかぎり心がまえはいつもそこになければならない。その心がまえがあってはじめてほんとうに共産主義者として、また革命家としての勇気がうまれてくる。……

共産主義者の道とはこのような道である[103]。

利己心を去りきる共産主義者の道とは、普通の人がなかなかできることではありません。実に立派な覚悟であり、修行僧の悟りの境地を髣髴させます。また、マルクス主義が日本人に好んで受け入れられた理由について京大名誉教授の猪木正道は、次のように説明しています。

「徳川時代に国定イデオロギーとされていた宋代の朱子学がその演繹的な思考方法により日本の知識人をきたえあげていたため、ヘーゲル・マルクス流の演繹論的哲学と一元論的な歴史観・世界観は日本の知識人にとって特に魅力あるものとなった[104]」

毛沢東のもとで革命を推進した劉少奇は、『共産党員の修養について』[105]と題して、

ひとりの幼稚な革命者から、ひとりの成熟した、老練な、「思うままに応用」できるように革命の法則を身につけた革命家になるには、ひじょうにながい革命的鍛練と修養の過程、ながい改造の過程をへなければなりません。

と述べています。徳田も劉も共産党員に厳しい修養の必要性を説きました。共産主義とは革命の理論であり、革命家としての行動の指針なのです。劉少奇は、毛沢東主席に次ぐ地位にありましたが文化大革命の中、失脚しました。

戦後の日本共産党の党首とその時の役職を列記すると、以下のようになります。

徳田球一（一九四五年~五三年）書記長
野坂参三（一九五五年~五八年）第一書記
宮本顕治（一九五八年~七〇年）書記長、（七〇年~九七年）議長
不破哲三（一九八二年~八七年）委員長

村上弘　（一九八七年～八九年）委員長
不破哲三（一九八九年～二〇〇〇年）委員長、（二〇〇〇年～〇六年）議長
志位和夫（二〇〇〇年～）委員長

徳田は暴力革命論を掲げた五一年綱領、宮本は五一年綱領を改正した六一年綱領、不破はソ連崩壊後の共産党の方向性を示した〇四年綱領を策定しています。

この章では、戦後の共産党の道筋をつくった徳田球一、宮本顕治、不破哲三の三人の足跡を辿り、革命家と共産主義について皆さんと一緒に考えてみます。一部、ここまでの記述と重複しますが、彼らの人生と共産党の歴史は一体なので、その点はご容赦下さい。

琉球一の男

それでは、徳田球一の物語を見てみましょう。本稿は、『徳田球一全集[106]』、『記念誌・徳田球一[107]』、『日本共産党の六十年[108]』などをもとに記しています。

一八九四年九月十二日、徳田は、沖縄県国頭郡名護村に父・佐平、母・カマドの長男

として生まれ、「琉球一」の男になるようにとの両親の願いから「球一」と名付けられます。

佐平は慶應義塾を中退し、国頭郡の書記を務めていましたが酒豪のためお金を使い果たし、いつも貧乏であったといわれています。当時、鹿児島などの船問屋は琉球に女を持ち、両親とも妾腹の子でした。父の佐平は、徳田が一一歳の時に早世し、その時のことを弟の正次は、

「兄が一一歳の時父は他界した。細腕ひとつの母をたすけて、妹二人、弟一人を父がわりに世話した兄の姿は今でもあざやかに思い出される」

と兄の優しさを振り返っています。

母方の祖母は、高利貸しをしながら泥藍《どろあい》の販売をしていました。泥藍売りは、かすりになる染料の泥藍を農家から安く買って高く売る商売で、この時の計算を徳田は手伝っています。高利貸しは月一割もの利子をとる商売なので徳田は、借りに来る人に「お金を借りてはだめだ」と注意して、自身を「小さいむきな正義派」であったと述べています。

小学校は、琉球出身でない教員は質が悪く、校長も質が悪かったと回想しています。

沖縄県立中学校（現在の県立首里高等学校）に進学し、那覇の叔父の家に下宿します。同じ下宿にいた内科医の金城清松は、彼の書斎を徳田に出入り自由にしてくれたおかげで、徳田はトルストイなど片っぱしから読んだと回想しています。幸徳秋水の『社会主義神髄』を読んで、

「マルクス、エンゲルスの名と一緒に、クロポトキンやバクーニンの名を初めて知った」

と、徳田の心に社会主義が芽生えたと語っています。

一九一一年三月、中学を卒業した徳田は、医師を目指し神田の予備校に通います。翌年、鹿児島の七高に入り叔父の家に世話になりますが、経済事情もあり一年で中途退学。

徳田球一（1894-1953年）

一九一七年二月、再上京し逓信省東京貯金局に勤め、夜間に日本大学専門部法律課で学びます。翌年、米騒動に参加し軍隊や警察の民衆弾圧を目撃し、人民の側に立つ決意を強固にしました。

弁護士デビュー

一九二〇年三月、日大を卒業した徳田は判検事登庸試験に合格。翌年、弁護士を開業します。また、堺利彦、山川均、大杉栄が発起人の社会主義同盟に入会しますが、翌二一年には治安警察法で解散させられてしまいました。

徳田の弁護士として最初の仕事は、メーデーの公務執行妨害に関する弁論で、緊張するどころか逆に「検事を難詰」し、革命家・徳田の天賦の才を遺憾なく発揮したと語り継がれています。引き続いて徳田は、約三〇〇人の検挙者を出して軍が鎮圧に動員された川崎造船・三菱造船争議人権蹂躙事件の東京弁護士会有志調査団に加わります。さらに進歩的弁護士の団結の必要性を痛感し、弁護士の組織化に奔走し「自由法曹団」の創立総会を日比谷の松本楼で開きました。「自由法曹団」は、現在に受け継がれ一〇〇年近い長い歴史を刻んでいます。

一九二一年九月上旬、上海のコミンテルン（共産主義インターナショナル）の張太雷が、ソ連で開催される極東勤労者大会への日本代表の派遣要請のため来日。徳田たち一〇名は密かに日本を発ち、イルクーツクの勤労者大会会議に参加します。大会議長団に当時、アメリカ在住だった片山潜が選ばれ、片山は一九二二年のコミンテルン第四回世界大会までに日本に共産党をつくるよう指示しました。

片山は、自伝『わが回想[109]』によれば、一八五九年（安政六年）に岡山県の庄屋の家の生まれ。師範学校を辞めた後、十三年間、アメリカやイギリスの大学で苦学し学士や修士の学位を取得しました。一九〇一年の「社会民主党」の結党に名を連ね、以後、共産主義革命に一生を捧げ、コミンテルンの幹部会員に選出され日本共産党の設立に指導的役割を果たします。一九三三年（昭和八年）、七三歳でモスクワのクレムリン病院で「自ら満足するものである」と人生を振り返り、革命家としての生涯を閉じました。

ちなみに日本で最初にマルクス＝エンゲルスの『共産党宣言』の全訳が掲載されるのは、一九〇六年（明治三十九年）の『社会主義研究』第一号においてです。

執行委員に

徳田は一九二二年五月に帰国します。七月十五日、日本共産党の創立大会が東京・渋谷の伊達町の高瀬清が間借りしていた部屋で開かれ、日本共産党のコミンテルンへの加盟が決議されました。ここで堺利彦が委員長に、徳田は執行委員に選ばれます。

一九二三年六月五日、共産党第一次検挙によって堺利彦、野坂参三などとともに治安警察法違反で検挙されますが、十二月に保釈されます。翌年、共産党の解党を決議しますが、コミンテルンは日本共産党の解党を拒否し、徳田を党再建の責任者に任命しました。

一九二五年末、徳田は、野坂参三、荒畑寒村、佐野学、渡辺政之輔たちと党再建の会議を開き、翌年二月、モスクワで開かれたコミンテルン会議に密航し参加します。翌年七月、共産党第一次検挙に対する禁固一〇カ月の刑に服するために出頭し、豊多摩刑務所に入獄します。

徳田は出獄の後、モスクワのコミンテルンに三度目の密航を行い、「日本問題にかんするテーゼ（二七年テーゼ）」を策定。その中で、「君主制の廃止」「天皇、地主、国家および寺社の土地の没収」「ソビエト連邦の擁護」など一三項目の行動綱領を掲げます。この会議に参加した鍋山貞親は、

「大正十一年、一九二二年に共産党が成立しました。そのときの綱領はモスクワ製である。五年後の一九二七年に第二回目の綱領ができましたが、これもモスクワ製である。このときは、私もモスクワに行き、徳田球一、福本和夫、死んだ渡辺政之輔、その他党の中央部の連中とモスクワに乗り込んで、特別委員会を作って討論しました。結局ブハ

ーリンが原案をつくり、大体モスクワの考えによってまとめられたものが二七年テーゼであった。

……三二年テーゼによって、天皇制打倒が日本における共産主義者の最も主要な課題だということが明確に打ち出された[110]」

と、戦前の日本共産党綱領は「モスクワ製」であり、「天皇制打倒が最も主要な課題」であったと回想しています。三二年テーゼは天皇制について、

「プロレタリアートの独裁へは、ただブルジョア民主主義革命の道によってのみ、すなわち天皇制の転覆、地主の収奪、プロレタリアートと農民の独裁の樹立の道によってのみ、到達しうる[111]」

としています。革命は「天皇制の転覆」によって到達できるというのです。このように共産党テーゼは「天皇制ファシズム論」と呼ばれ、コミンテルンによって与えられた歴史観であることから「コミンテルン史観」とも呼ばれてきました。

一八年間の獄中生活

一九二八年二月、成年男子の普通選挙が実施されます。徳田は労働農民党から立候補

したものの落選します。この時、共産党は、『赤旗』の創刊やパンフレットの配布、「君主制の廃止」などを大胆に訴えました。そのため、徳田は二月二十六日に逮捕され、三月十五日には第二次の全国一斉摘発が行われ約一六〇〇人が検挙されました。

その後、徳田は、一八年間の獄中生活を強いられます。この間、長男と母を失い、神経痛で右手が動き難くなりこの障害は終生のものとなりました。しかし、徳田の戦闘的精神は衰えず、獄内で転向するどころか共産主義者の細胞を作り、情報交換や執筆活動を精力的に行います。

終戦から二カ月後の一九四五年十月四日、マッカーサーが「政治的・市民的・宗教的自由に対する制限の除去の件（覚書）」、いわゆる「自由の指令」を出し、徳田など約三〇〇〇人の政治犯を釈放しました。この時、東久邇宮は、「天皇の名で罰した人を、天皇の名で釈放できない」「マッカーサーの名で釈放されるのは、陛下に申し訳ない」と自由の指令を批判して首相を辞し、幣原喜重郎が新たな首相に就任します[112]。

十月九日に宮本顕治が網走刑務所から、十月十日に徳田球一、志賀義雄などが府中刑務所から、十月十九日に袴田里見が宮城刑務所から相次いで出獄します。徳田たちは、府中刑務所の出獄者で行場のない人のための施設「自立会」を設立し、共産党の再建に取り組みます。「自立会」は、焼け野原の国分寺駅から歩いて二〇分ほどのところにあり、釈放された共産党員たちがぞくぞくと集まってきました[113]。

戦後初の書記長に

十二月一日から第四回党大会が一九年ぶりに渋谷区の党本部で開催され、行動綱領を採択します。徳田は、ここで戦後最初の書記長に選ばれ、一九五三年に亡くなるまで（公式発表は一九五五年ですが）、家父長的な統率力で日本共産党に君臨します。この行動綱領には次のような一文があります。

「専制主義と軍国主義からの世界の解放の軍隊としての連合国軍の日本進駐によって、日本における民主主義的変革の端緒が開かれるにいたった」

第一章でも述べたように、親米的な点が大きな特徴です。共産党員などの政治犯が刑務所から解放されたこともあって、米軍の進駐を民主主義を開く端緒になったと無邪気に歓迎していたのです。

当時の徳田について党員作家の宮本百合子は、次のように評しています。

「この人の悪口は、火の中から出した鉄棒のようだ」

「婦人たちの本能的なつつしみには自然のうやまいをもっていた[114]」
敵を威圧する悪口は「火から出した鉄棒」のようでありその一方で、女性に対しては紳士的だったようです。

初当選と結婚

一九四六年一月、第一次共産党検挙で海外に密航していた野坂参三が中国の延安から帰り、日比谷公園で大規模な帰国歓迎大会が開催されました。野坂は、「愛される共産党」というキャッチフレーズで共産党への支持を広めます。野坂の処遇を決めるため二月には、早くも第五回党大会を開催します。野坂は、徳田や宮本顕治たちとともに中央委員に選出され、この三カ月間に党員は一〇八三人から六八四七人と七倍近くに急増します[115]。

四月、徳田は、戦後最初の総選挙で東京二区で当選し、従弟・徳田耕作の未亡人たつと再婚しました。後年、徳田はたつについて「私の結婚[116]」と題した論稿で、
「一八年の長い間、獄中の生活を助け、思想的にも合致し、性格もよくお互に知合った仲だったので、自然の勢いで結婚することになった」

と述べています。同時に、

「相手を知った上で結婚すべきだと思います。そして出来得る限り、性欲的衝動に駆られないこと」

と、革命家の結婚観について淡々と語っています。一八年間の徳田の在獄中、たつとは手紙のやりとりが三〇〇通もあったと言われています。

革命家としての心構えについては、「わたしたちの読書[117]」と題して生活習慣や必読書、理論と実践の関係について記しています。

「わたしは毎朝五時にはかならずおきる。これは、一つは年齢のせいもあるが、一つには長い監獄生活で、毎朝、夏は五時、冬は五時半にはかならずおこされ、おきなければけとばされるのでその習慣がついたためでもある。……九時半には本部にでるので、勉強の時間は朝の九時までの時間に使う」

日々の生活については、毎朝五時から九時までを読書や執筆など勉強の時間に費やし、修行僧のような暮らしを実践していたようです。必読文献については、「本だけではだめだ」と断り、基本文献として『レーニン主義の諸問題』、『国家と革命』、『共産党宣言』、『反デューリング論』などかなりの量の共産主義関係の書籍を紹介しています。当然、ミーゼスやハイエク、エドマンド・バーク、バジョットなどの保守主義の書籍は紹介していません。

共産党員と機関紙の関係については、

「共産党員は義務的に党機関紙を読むことになっている」

「『アカハタ』や『前衛』を読まない党員があるとすれば、その党員は党の決定、指令、できごとの報道とそれにたいする党中央部の態度がわからなくなる。これらのことを知らなければ党員らしい行動はできない」

と、共産党員は『アカハタ』などの機関紙を読まなければだめだと述べています。ちなみに一九五八年の党規約は、「マルクス・レーニン主義の学習につとめ、自己の理論的、思想的水準をたかめる」と規定しています。

理論と実践の関係については、

「実践することが大切である。……実践が理論を高め、理論が実践を高めて、相互に発展してゆく。これがマルクス主義の方法論である弁証法である」

と、共産党員の心構えを述べています。

さて、衆議院議員に当選した徳田は、

「議会行動は常に大衆行動と結合しなければ無意味である」

と、共産党議員の行動原理を示しました。このように徳田は、共産党員の義務や議員の行動原理を示し、戦後の日本共産党の強固な礎を築いた人物だといえます。

加えて徳田は、野性的な戦闘性に加えユーモアもあり「徳球」の愛称で呼ばれ、人心掌握にたけていました。首相の吉田は議場の徳田について、好意を示しています。

「徳田球一という人物に対しては、私はどういうわけか余り強い反感は持たなかった」

「徳田君は時々私の方を振り返ってにっこりとするという調子で、どことなく憎めないところのある人間であった」

収容所で共産主義者とは口もきかなかったドイツ社民党党首のシューマッハーとは、好対照と言えるでしょう。

ゼネストの中止

一九四六年八月、全日本産業別労働組合会議が結成されます。これにより、海員ゼネストなど労働運動は一層過激になっていきました。翌年一月、全官公庁共闘は二月一日のゼネスト決行を決め、共産党はゼネストを支援し人民政府の樹立を呼び掛けます。これをマッカーサーが中止させたのは前述の通り（第一章、第三章）です。当然、これは共産党からいえば受け入れがたい方針です。

翌一九四七年十二月、第六回党大会が京橋公会堂で開催され徳田は、「アメリカ占領軍は、完全にアメリカ帝国軍の執行者になった」との認識を示し、米軍の占領を批判し各地でストライキやデモを敢行します。徳田率いる日本共産党は勢いを増し、一九四九年の衆議院選挙では三五人も当選。労働運動、農民運動、学生運動は激しくなっていきました。

一九五〇年一月六日、コミンフォルムの機関紙に「日本の情勢について」という論評が発表され、第二章で紹介したように「五〇年問題」が始まります。

六月六日、マッカーサーは、徳田以下、共産党中央委員二四名の公職追放を行いました。六月七日、徳田は、椎野悦朗を議長とする八人の臨時中央指導部（臨中）を指名し、宮本顕治、志賀義雄、蔵原惟人、春日庄次郎、袴田里見、亀山幸三、神山茂夫の七名の中央委員を排除します。この日、アカハタ編集委員など一七人も公職追放になっています。

六月二十五日、金日成が三八度線を越え朝鮮戦争が始まり、三日後にはソウルが占領されます。七月十五日、徳田、野坂、伊藤、長谷川など九人の中央委員には逮捕状が出ます。政治局は徳田の病状を気遣い中国共産党の支援を受け、十月、大阪港から徳田を中国に密航させます。この頃、徳田は糖尿病その他の合併症により余命四年と診断されていました。国内体制については志田、伊藤、椎野の三人に任せ、徳田は野坂参三、西沢隆二らと「北京機関」（日本共産党の在外指導部）をつくり、ソ連や中国の意向に沿った武装方針を掲げ、一九五二年に日本向けのラジオ放送、五四年には北京に党学校をつくり、党学校では延べ二〇〇〇人近い青年党員が学んだと言われています。徳田は、毛沢東、劉少奇、周恩来などとしばしば情報交換を行っていました。

そして暴力革命論へ

一九五一年二月二十三日、党大会に準ずるものとして第四回全国協議会が開催され、「日本共産党の当面の基本的運動方針」を決定し、「軍事方針」を盛り込みます。

四月、徳田は、野坂、西沢と共にソ連共産党と党綱領を協議するためモスクワに発ち、八月にはスターリンやマレンコフらと協議し、綱領案を作成しました。十月十六日から十七日にかけて第五回全国協議会を開催し、「日本共産党当面の要求―新しい綱領」（五一年綱領）を採択します。五一年綱領についてはすでに説明しましたが、再度ここで見ておきましょう。その特徴の一つは暴力革命必然論でした。

新しい民族解放民主政府が、妨害なしに、平和的な方法で、自然に生れると考えたり、あるいは、反動的な吉田政府が、新しい民主政府にじぶんの地位を譲るために、抵抗しないで、みずから進んで政権を投げだすと考えるのは、重大な誤りである。このような予想は、根本的な誤りである。……

日本の解放と民主的変革を、平和の手段によって達成しうると考えるのはまちがいである[118]。

革命を「平和的な方法」で達成できると考えるのは誤りと規定し、戦後の平和革命論から暴力革命必然論に移行したのです。しかしこれは裏目に出ました。

一九四九年の総選挙では、四名から三五名に躍進しましたが、五二年の総選挙では当選者ゼロと武装闘争を展開する共産党を国民は拒否したのです。

晩年

一九五二年七月十五日、徳田は、北京機関で日本共産党創立三〇周年の祝賀会を開催し、その翌月、中国人民解放軍創立記念日の大運動会を観戦しました。その後、にわかに病状が悪化し北京病院に入院し、中国医師団、ソ連から派遣された医師も治療に当たりますが、一九五三年十月十四日、五九年の波乱の生涯を閉じます。

徳田の死が日本人に知らされたのは、一九五五年七月でした。同年八月十日、「徳田書記長追悼式」が日比谷公会堂で盛大に執行され、革命家の死を悼んで三千数百名もの人たちが参列しています。

徳田は、『獄中十八年』の巻頭に、

> われわれは何らむくいられることを期待することなき献身をもって、全人民大衆の生活の安定と向上のためにたたかうであろう。

と記しています。徳田の勇猛な一生は、共産主義革命のため「何らむくいられることを期待することなき献身」であり、そこには革命家の原点があるといえるでしょう。西郷隆盛の「命もいらず、名もいらず、官位も金もいらぬ人は、始末に困るもの也」と似た覚悟です。

共産党が現在も多くの議席を得ている背景に、徳田のようなストイックな生き方が、共産党員の心に受け継がれているからともいえます。

徳田は、色紙を出されると、

「人民への惜しみなき献身」

と記していました。この姿勢が終生、大衆を惹きつける魅力を保ったのでしょう。だからこそ多くの人から「徳球さん」の愛称で呼ばれたのです。

2 宮本顕治の物語

万華鏡のような
徳田球一の死後、宮本顕治が共産党のリーダーとして党を牽引し、日本共産党の基本的枠組みをつくりました。ここでは、『宮本顕治著作集[119]』（全一〇巻）、『宮本顕治の半世紀譜[120]』、『宮本顕治 青春論[121]』、「私自身の『昭和史』[122]」などをもとに宮本顕治の足跡を辿ります。

宮本顕治とは、万華鏡のように変化する不思議な魅力を放つ権力者です。多彩な才能を持ち、政治のみならず文学者としても膨大な著作を残しました。他方、理論、主張は明快ですが、徳田の『わが生い立ちの記』、野坂参三『風雪のあゆみ』、片山潜『わが回想』のように胸の内を情緒的には語りません。

徳田が家父長的な熱血漢であったのに対し、宮本は通称「ミヤケン」と呼ばれ、宮本体制下で多くの同志が除名されたように、冷徹な理論家、近寄りがたい権力者のイメージがあります。本人は否定していますがリンチ事件の実刑を受け、戦時中網走刑務所にいたことも影響しています。

宮本は、一九五八年に書記長に就任し、九七年に議長を引退するまでの四〇年もの長きにわたり、共産党トップの座に君臨しました。そのため、宮本の物語は、日本共産党の物語と重なります。共産党を除名された袴田里見の『昨日の同志 宮本顕治へ』[123]によれば、宮本は防弾ガラス張りの執務室、広い邸宅で執務していたといいます。

一九〇八年十月十七日、宮本は、瀬戸内海に面した農村、山口県熊毛郡光井村宇野原（現在の光市光井）に生まれました。徳田より一四歳ほど年下です。戸籍上は十月二十日出生で届けているため、リンチ事件の裁判記録を読むと、戸籍と同じ十月二十日生まれとなっています。ところが『宮本顕治の半世紀譜』では十月十七日。筆者は、当初、宮本の誕生日が二つあるのに驚かされました。

宮本顕治（1908-2007年）

　山口県は、明治の元勲や首相などとともに、宮本のほか野坂参三、志賀義雄、神山茂夫など共産党幹部も多数輩出しているから不思議な地です。事実、首相の岸信介は、「共産党の大物はみな山口県だ」と述べています。筆者は、何度か光市や岸の育った田布施町などを訪れましたが、陽に映える瀬戸内海、森閑とした山々、海と山のある美しい風景は、人の心を和ませます。

　当時の日本は、日露戦争の勝利、八幡製鉄所の操業など鉄鋼生産量の急進、小学校へ通う生徒が九八％を超えるなど、矛盾を抱えながらも坂の上の雲に向かっていく時代でした。

　宮本は、父・捨吉、母・美代のもと三人兄弟の長男として生まれます。家は、菜種油や米穀、肥料を売る小さな商家を営んでいました。一九一五年四月、叔父の宮本信吉の家から光井尋常高等小学校に通います。小学校時代は、駆け足が早く六年の時はリレーのアンカーを任され優勝し、級長をつとめ卒業式では郡長から賞状を受けています。

学生ストライキ委員

一九二一年四月、徳山中学に入学し、都濃郡の母方の親戚の家から自転車で通います。家は、第一次世界大戦後の恐慌の影響から破産状態になっていたのです。中学では柔道部に入部しました。一方で校友会の機関紙に作文も何度か掲載され、友人と回覧雑誌「ささやき」、同人雑誌「叫び」をつくり、文学への関心を深めていきます。

一九二五年四月、松山高等学校に入学しました。柔道は続け、県大会に出場し金メダルを獲得しますが、その後、健康を害したことで退部します。翌年十一月、新任の校長が自由主義的校風を抑圧したことに抗議し、生徒大会で校長の辞職勧告を決議するが受け入れられず、宮本はストライキ委員を務め学校側と了解事項を結ぶことに成功します。

ストライキの後、同じ松高の大野盛直らと同人誌を発行し、仲間たちと社会科学研究会を組織し、マルクス、エンゲルス、レーニンなどの書籍を熱心に読みました。高校生ということで本はつけで買えたと回想しています。

「学校の休みに郷里に帰ると、駐在所の巡査が私の動静を近所で探っているということで、母は心配でならなかった」「私は、松山に帰っても活動を続けた。研究会の仲間で一軒家を借りて合宿した。『無産者新聞』の支局を開いてその看板を出し、地方無産政党である大衆党の全国的な学生組織との連絡もつけ始めた」と、宮本は、「私自身の『昭和史』」で語っています。このように松山高校時代から共産主義やプロレタリア文学に傾倒し、大衆党幹部や学生組織との交流を始めていました。一九二七年の芥川龍之介の自殺にはショックを受けた、とも語っています。

一九二八年四月、東京帝国大学経済学部に入学。渋谷区恵比寿の高台にある親戚の三井鉱山の技師をしていた佐伯家から通学します。翌年、総合雑誌『改造』の懸賞論文に応募し、「敗北の文学」と題した芥川龍之介論を書き上げ一等に入選し懸賞金三〇〇円を得ます。二等が小林秀雄の「様々なる意匠」ですから、その優秀さがわかります。この懸賞金で親戚の家を出て、本郷菊坂に越し、高校時代の本屋の借金を返済したということです。

入党と結婚

一九三一年三月、東大を卒業した宮本は、五月に共産党に入党しました。文才を生かし、全日本無産者芸術連盟の『ナップ』や『プロレタリア文学』などに論文を書き、共産党中央委員会のアジプロ（宣伝扇動）部員として活動を始めます。翌年二月、『ナップ』の活動で知り合った中條百合子と結婚。本郷区動坂町（現在の文京区千駄木）に新居を構えます。当時、九歳年上の百合子は、一七歳の年に『貧しき人々の群』で文壇デビューした著名な女流作家でした。

当時の共産党は一九二二年に結成したものの大多数が検挙され壊滅状態にありました。そのため二六年に山形県五色温泉で開かれた第三回党大会で立て直し、以降の共産党は第二次共産党とも呼ばれます。立花隆は『日本共産党の研究』の中で、「コミンテルンのルートで手に入れたピストルを党幹部が所持するという習慣は第二次共産党のはじめからあった」「ライフル射撃という日本人には珍しい趣味を宮本が身につけたのは、この時代の経験からかもしれない」と記しています[124]。

リンチ事件

一九三三年六月八日、市ヶ谷刑務所に収監されていた共産党中央委員長の佐野学と鍋山貞親が共産党から転向する声明「共同被告同志に告ぐる書」を発表。これで多くの共産党員が続々と転向します。

こんな中、宮本は党の中央委員として野呂栄太郎たちと指導部に就任しました。党にスパイが潜入し党幹部が軒並み検挙され、そのため宮本たちは潜入したスパイを見つけようと必死になり、党内でリンチ事件が相次ぎます。野呂は『日本資本主義発達史』を執筆するなど講座派の論客ですが、三四年、警察での取り調べ中に亡くなりました。

ここで、春日一幸や立花隆などが取り上げた宮本の有名なリンチ事件について触れておきましょう。一九三三年十二月二十三日から二十四日にかけて、宮本は京王線幡ヶ谷停留場近くの臨時のアジトで、党税制部長の小畑達夫と大泉兼蔵をスパイ容疑で、袴田里見らと一緒に査問を開始します。宮本の「私自身の『昭和史』[125]」によれば、

「二人（小畑と大泉）は結局、それぞれ警視庁の特高の警官と連絡をとっているスパイであると自白した。休息中、突如小畑が暴れ出して、それを取り押えようとする居合せた者ともつれあっているうちに、小畑の様子が異常だということが分って、あわてて一

人が人工呼吸を試み、私は柔道の活をいれたが、小畑は蘇生しなかった」と、死因はリンチではなく小畑の異常体質によるショック死と述べています。これに対し判決は、小畑をリンチにより傷害致死に至らしめ、かつ床下に埋めたこと、他のリンチ事件に関与したことにより、治安維持法、刑法の不法監禁致死傷罪、死体遺棄罪、鉄砲火薬類取締施行規則などに違反していることから、治安維持法違反で無期懲役としました。

立花隆は、判決書や小畑の死因の鑑定書から「宮本氏たちに責任がないといえる要因はない。だからこそ、裁判官は、古畑鑑定によって、傷害致死、監禁致死の罪をみとめたのである」と、宮本が主張するようにぽっくり死んだ「特異体質によるショック死」でなく「外傷性ショック死」によって死に至らしめたと解説しています。「生理学上、医学上の『ショック』の概念は、日常用語の〝ショック〟とは意味内容がちがう」「外傷性ショック死の場合、外傷を与えた加害者はその死に対して有責なのである[126]」と説明しています。

リンチを宮本と共に実行した袴田里見は、『昨日の同志　宮本顕治へ』の中で、「ウォーという小畑の断末魔の叫び声が上がった。小畑は宮本のしめ上げげに息がつまり、ついに耐え得なくなったのだ。小畑はぐったりとしてしまった[127]」と、宮本によって息が絶えたと記しています。

この頃、宮本は『赤旗』に「鉄の規律によって武装せよ！――党ボルシェヴィキ化のために[128]」という論文で、「小畑・大泉の断罪、動揺しうき足だったスパイ挑発者にたいする追撃戦をつうじて、いまや全党の徹底的清掃が着々と進行」していると述べ、党内に侵入したスパイの掃討に自信を示しています。

天皇制廃止、日本の戦争敗北、敗戦革命のために武装闘争を行う共産党は、当然ながら何度も大規模な一斉検挙に遭いました。一九二三年の第一次検挙、二八年の第二次検挙、二九年の第三次検挙が行われ、共産党指導部の大部分が検挙されてしまいます。

一九三三年十二月二十六日、宮本は、東京の九段坂上で街頭連絡中、警視庁特高課員に検挙され、それ以降四五年十月九日に釈放されるまでの一二年間、刑務所で暮らします。その間、宮本は盲腸炎や腸チフスにかかり、一九三八年ころには腸結核で体重は四十余キロに落ちてしまいました。そのため公判は延期され、一九四四年六月にようやく裁判が始まり、翌年一月、無期懲役の判決が確定。六月に網走刑務所に移送され、終戦を迎えました。

釈放と復活

一九四五年十月四日、ＧＨＱは治安維持法などで拘置されている人を解放するよう命じ、十月十日に徳田や志賀など府中刑務所に収監されていた共産党幹部たちが自由になります。宮本はＧＨＱの「政治的判断」で網走刑務所から釈放されます[129]。宮本は三七歳になろうとしていました。

宮本が獄中にいる間、妻の百合子は食事や本などの差し入れを継続していました。革命家の妻に相応しい献身であったといわれています。百合子は、新進気鋭の作家で裕福な建築家の父を持っていました。百合子の差し入れについて宮本と一緒にスパイ査問事件に関与し獄中にいた袴田は、「百合子の献身ぶりは、大変なものがあった」「宮本が獄中でおなかをこわしたと聞けば、仕出し屋から毎日かゆを運ばせ、本を読みたいと耳にすれば、ありとあらゆる本を差し入れた。『十二年の手紙』を見ても、新鮮なタマゴやトマト、果物などが毎日のように届けられたことが記されている」と述べています。

他方、袴田は「妻や友人が二度差し入れると、必ず警察に引っ張られた」ともいっています。また、袴田はこの頃の宮本について批判的です。「百合子がどんなに宮本に献身しようが、そんなことはかまわない」「他の同志がいかに困っていようと、自分のサイフをさいて援助しようとは絶対にしなかった[130]」と回想録にはあります。

十月九日、宮本は上野駅を降り、本郷の百合子の間借りしていた部屋に戻り、活動を再開しました。

一九四五年十二月、第四回党大会を開催。神山茂夫、金天海、黒木重徳、志賀義雄、徳田球一、袴田里見、宮本顕治の七人が中央委員に選ばれ、徳田が書記長に選出されます。党歴の長い徳田、志賀を中心に宮本や袴田がそれを支え、宮本はアジプロ部長と中央機関紙『前衛』の主幹を担当します。

当時、宮本は、「天皇制打倒のスローガンは時機尚早である」という批判に対し、「日本の天皇制は、本来民主的なものであるとか、皇室は民主主義の体得者であったとか、天皇制と国民の民主的直結などと臆面もなくいっているのは、全く笑止きわまりないことである[131]」と、天皇制を徹底的に批判していました。

このような天皇制廃止論に対し、共産党を脱党した佐野学は、「日本の皇室の連綿たる歴史的存続は、日本民族の独立不羈を表現するものである」と、天皇制廃止論は誤りと述べています[132]。佐野の論は、イギリスの思想家ウォルター・バジョットの古典的名著『イギリス憲政論』において、「君主はいわゆる『名誉の源泉』であるが、財政委員会委員長たる首相は政務の源泉である[133]」と述べていることに通じる考え方です。イギリスのような立憲君主制は、君主が持つ「名誉」つまり「権威」と国家「権力」が分立し独裁になり難いのです。他方、ロシア革命は君主制を廃止し共産党が政権を獲り、権威と権力がスターリンに集中し独裁政治が生まれたのです。中国共産党の毛沢東も同様です。なお、マルクスの『資本論』（第一巻）と『イギリス憲政論』はともに一八六七年に刊行されています。

野坂との違い

一九四六年一月十二日、野坂参三が延安から帰国し、二月二十四日から京橋公会堂で第五回党大会を開催し、野坂が中心となって「大会宣言」を決定します。この大会での宣言は「野坂理論」とも呼ばれ、アメリカ占領軍を解放軍とみなし平和的手段で共産主義革命は実行できるという平和革命論です。徳田、志賀、野坂の「三頭政治」体制の中、特に徳田の家父長的支配が強まります。この「大会宣言」について野坂は、「一番の中心問題は、暴力革命をわれわれはさけるということである」

と、暴力革命を否定しています。

しかし、宮本は、

「労農人民大衆の意志を弾圧する限り、力をもってこれを排除することは当然であるが、今日の条件では、支配階級が武力的弾圧を断念するならば、民主的平和的方法による変革が可能であるとの展望をもっている[134]」

と、野坂の「平和革命論」と考えを異にしています。宮本は、革命を実現するための手段として平和的か暴力的かは「敵の出方」によるという「敵の出方論」を考えていたといえます。ここに宮本の革命家としての先見性とリアリズムが窺えます。

一九四七年十二月二十一日、東京の京橋公会堂で第六回党大会が開催されます。大会では行動綱領を決定し、ポツダム宣言の厳正実施、アメリカ帝国主義からの独立などを掲げます。

宮本はこの行動綱領で、「第二次大戦のあと、国際情勢は、ソ同盟および人民的民主主義諸国がいちじるしい強固な発展をしるしている。一方、資本主義世界の力は弱化している」「世界の民主勢力は、帝国主義の野望に譲歩することなく、国際的結合をつよめねばならない」と、ソ連との連携を強め、アメリカなど資本主義・帝国主義国と対決すべきと論じています[135]。

一九四九年一月、総選挙で社会党は一四三議席から四八議席に大敗し、共産党は前回の四議席から三五議席へと大躍進しました。

一九五〇年一月六日、第二章で紹介したように、コミンフォルムは野坂の平和革命路線を批判し、徳田派と宮本派に割れる五〇年問題が始まります。このコミンフォルムの論評に対し、宮本は、

「ロシア革命の場合を歴史的に類推して、日本革命の『平和的発展の可能性』を提起することは、根本的な誤りとなる。したがって、議会を通じての政権獲得の理論も、同じ誤りである[136]」

とコミンフォルムの批判に賛成しています。

一九五一年一月、妻の百合子が五一歳の若さで急逝します。さらに一九五三年十月十四日には、徳田が北京で死去します。

一九五五年七月二十七日から「第六回全国協議会」が開催され、野坂参三が第一書記に選出されました。ここでは、「党活動の総括と当面の任務」を決定し、五一年綱領の暴力革命路線について、

「誤りのうちもっとも大きなものは極左冒険主義である」

「民族解放民主統一戦線は、独立と民主主義のために、思想傾向や、政治的信条や、信仰を問わず、すべての勢力や人びとの団結を実現することである」

と、暴力革命路線を否定します。宮本は、八月二日、常任幹部会の責任者に就任します。

過激派の誕生

この六全協の突然の決定に、暴力革命を信じて革命の前衛として〝真面目〟に武装闘争を行ってきた活動家たちに、やり場のない虚脱感が広がっていきました。

日本には、新左翼、極左暴力集団、過激派集団とも呼ばれる人たちがいます[137]。これらの集団は、「第六回全国協議会」(六全協)で五一年綱領の暴力革命路線を「極左冒険主義」と否定し「敵の出方論」に修正したことが始まりで生まれたものです。

活動家たちは五一年綱領や軍事方針を信じ、火炎瓶闘争や税務署焼き討ち事件、交番襲撃事件など武装闘争を行ってきました。そんな真面目な活動家にとって、暴力革命必然論を否定した六全協の決定は裏切り行為と映ったのです。

加えて、一九五六年二月、ソ連共産党第二〇回大会において、フルシチョフによって「スターリン批判」が行われます。一九五三年三月に死去して三年が経過していたとはいえ、スターリンは絶対不可侵の存在でした。レーニン同様にスターリンを「あやまちのない天才」と崇拝していた共産主義者たちにとって、「スターリン批判」はあまりにも衝撃的でした。加えて、六月にポーランドでのボズナム暴動、十月に起きたハンガリーのイレムナジ暴動事件では、ソ連の軍事介入や処刑が行われます。

共産党の五一年綱領の自己批判、スターリンの「無謬の神話」の崩壊、ポーランドやハンガリーでのソ連軍による武力鎮圧は、五一年綱領やスターリンを信じてきた共産党員や活動家たちに衝撃と動揺が走り、活動家たちは戸惑い、「六全協ノイローゼ」とも呼ばれました。

日本共産党と決別した活動家たちは、六全協路線、フルシチョフ路線に対抗して、独自の過激派思想集団を結集し大きく五つの流れが誕生したといわれます[138]。これらの五つのグループ（革共同系、共産同系、革労協系、構革派系、親中共派系）は、「五流四八セクト」などと呼ばれるように多くのセクトに分かれ、労働組合など様々な組織で活動しています。

例えば、東大教授を務めた保守派評論家の西部邁は、新左翼のブント（共産主義者同盟）の一員として六〇年安保に参加したことを振り返り、「二五年前に過激派であった自分といま真正の保守派になろうと決意している自分はどこでどう折合いがつくのかという問題は当人にとってぬきさしならぬ事柄である[139]」と述べています。

また、鳩山内閣は、二〇一〇年五月十一日、「革マル派によるJR総連とJR東労組への浸透に関する質問」に対し、「革マル派は、将来の共産主義革命に備えるため、その組織拡大に重点を置き、周囲に警戒心を抱かせないよう党派性を隠して基幹産業の労働組合等各界各層への浸透を図っており、全日本鉄道労働組合総連合会及び東日本旅客鉄道労働組合には、影響力を行使し得る立場に革マル派活動家が相当浸透していると認識している」と、JR総連に革マル派が浸透しているとする答弁書を作成しています。

東大安田講堂事件や朝霞自衛官殺害事件など過激派に走る若者たちを取材したノンフィクション『マイ・バック・ページ』（川本三郎）という本があります。二〇一一年には映画化もされました。映画ではこの時の若者たちの気持ちを「その時代、暴力で世界は変えられると信じていた」と表現しています。

書記長に

一九五八年七月二十三日から第七回党大会が開かれ、「行動綱領」を決定します。党大会では、五一年綱領を廃止して「五一年文書」とすること、「綱領草案」を発表し新たな綱領をつくるための議論を開始することを決定しています。議長に野坂参三、書記長に宮本顕治が選出されます。

一九六〇年十一月からモスクワで八一カ国共産党・労働者党代表者会議が開催され、宮本を団長として、袴田里見、西沢富夫などが出席しました。会議は、「共産党・労働者党代表者会議の声明[140]」を採択し、この声明は六一年綱領に引き継がれます。声明は、「アメリカ帝国主義は、最大の国際的搾取者となっている」

と、アメリカを帝国主義であると批判しています。日本が提案した「民主主義革命」については、

「アメリカ帝国主義の政治的・経済的・軍事的支配下にあるヨーロッパ以外の発達した資本主義諸国では、人民大衆の主要な打撃はアメリカ帝国主義と独占資本に向けられている。この勢力は、統一戦線に結集しつつある。真の民族独立と民主主義を獲得することは、社会主義革命に移行する条件をつくる」

と、日本共産党が主張した社会主義革命の前に反帝、反独占の民主主義革命を行うことが記されています。不破哲三は、日本の主張は「〝地域的限定〟つきでとりいれられた」と回想しています[141]。

一九六一年七月二十五日から三十一日まで、歴史的な第八回党大会が世田谷区民会館で始まり、宮本は書記長として六一年綱領草案を報告します。宮本は、報告の冒頭、「多くの同志たちは、この草案の路線によって日本革命の展望が明確にされたことを支持すると表明している」

と、述べました。続いて、いつものように説得力ある声で、「全党の草案討議は、民主集中制の原則にもとづいて、中央委員会の指導のもとに全体として積極的におこなわれた」と、民主集中制のもとで新たに綱領を示したことに自信を持って報告しています[142]。

後年、共産党委員長の不破哲三は、二〇〇四年綱領を作るに当たって、六一年綱領をこれまで部分改定してきて継承してきたが、〇四年党大会で綱領の全面的改定を行ったと述べています[143]。六一年綱領の期間は、宮本が権力のトップにいた時期と重なります。五一年綱領、六一年綱領、二〇〇四年綱領が戦後の共産党を代表する綱領であり、この三つの綱領を理解すれば、戦後共産党の考え方の変遷が分かります。

六一年綱領

ここで、『日本共産党綱領文献集[144]』をもとに六一年綱領の要点を紹介しておきましょう。

綱領は、第一章で、戦前の日本共産党の歴史を紹介しています。冒頭、

「日本共産党は、第一次世界大戦後における世界労働者階級の解放闘争のたかまりのなかで、十月社会主義大革命の影響のもとに、わが国の進歩と革命の伝統をうけついで、一九二二年七月十五日、日本労働者階級の前衛によって創立された」

と、ロシア革命の影響のもと日本共産党が創立されたと経緯を記しています。戦前の日本共産党について、

「党は、当時の日本の支配体制の特殊性にもとづいて、ブルジョア民主主義革命を遂行し、これを社会主義革命に発展転化させて、社会主義日本の建設にすすむという方針のもとにたたかってきた。その後の事態の発展は、この方針が基本的にただしかったことを証明した」

とブルジョア民主主義革命を行い、次に社会主義革命に移行する二段階革命論を述べています。

第二章では、第二次大戦後の日本とアメリカの関係について記しています。

「アメリカ帝国主義は、世界支配の野望を実現するためにポツダム宣言をふみにじり、日本は事実上かれらの単独支配のもとにおかれ、日本人民は、アメリカ帝国主義への隷属状態におちいった」

日米安保条約については、

「一九六〇年に締結された新安保条約は、アメリカ帝国主義と日本独占資本の侵略的軍事同盟の条約であるとともに、いぜんとして対米従属の屈辱条約である」

と批判しています。

第三章では、行動綱領を示しています。冒頭に当面の革命の展望として、

「以上の全体からでてくる展望として、現在、日本の当面する革命は、アメリカ帝国主義と日本の独占資本の支配――二つの敵に反対するあたらしい民主主義革命、人民の民主主義革命である」

と当面は、アメリカ帝国主義と日本独占資本という二つの敵と戦う民主主義革命であ

ると述べています。行動綱領として、以下のような項目を掲げています。

「・憲法改悪に反対し、憲法に保障された平和的民主的諸条項の完全実施を要求してたたかう。

・党は、自衛隊の増強と核武装など軍国主義の復活に反対し、自衛隊の解散を要求する。

・天皇主義的・軍国主義的思想を克服し、その復活とたたかう。」

第四章は、民族民主統一戦線による革命を示しています。先ず、

「この闘争において党と労働者階級の指導する民族民主統一戦線勢力が積極的に国会の議席をしめ、国会外の大衆闘争とむすびついてたたかうことは、重要である。国会で安定した過半数をしめることができるならば、国会を反動支配の道具から人民に奉仕する道具にかえ、革命の条件をさらに有利にすることができる」

と、民族民主統一戦線が国会の過半数の獲得をする多数者革命を掲げています。革命の道筋は、

「すなわちそれは、独立と民主主義の任務を中心とする革命から連続的に社会主義革命に発展する必然性をもっている」

と、民主主義革命から社会主義革命への発展を目指すとしています。最後に第五章で、社会主義と共産主義社会について解説し、

「社会主義社会は共産主義社会の第一段階である。この段階においては人による人のいっさいの搾取が根絶され、階級による社会の分裂はおわる。この社会主義日本では『各人は能力におうじてはたらき、労働におうじて報酬をうける』原則が実現され、これまでになくたかい物質的繁栄と精神的開花、ひろい人民のための民主主義が保障される」

としています。共産主義社会は、

「共産主義のたかい段階では、生産力のすばらしい発展と社会生活のあたらしい内容がうちたてられるとともに、人間の知的労働と肉体労働の差別が消えさるだけでなく、『各人は能力におうじてはたらき、必要におうじて生産物をうけとる』ことができるだろう」

と解説しています。その結果、国家は、

「こうして、原則としていっさいの強制のない、国家権力そのものが不必要になる共産主義社会、真に平等で自由な人間関係の社会が生まれる」

と、「国家死滅論」を記しています。多少長くなりましたが、以上が六一年綱領の要

点です。

宮本は、六一年綱領について、

「アメリカ帝国主義と日本独占資本という二つの敵の支配に反対する反帝反独占のあたらしい民主主義革命という綱領の立場の正当さが、多くの党員の確信となっていった」と、自信を示しています。一九六〇年代の共産党への支持が伸びていることについて、「一九六〇年からの十数年間に、自民党の支持率は五七・六％（一九六〇年衆院選）から三九・五％（一九七四年参院選）へと低下した。……日本共産党は、第八回党大会当時からみて、党員約十倍、機関紙購読者約四十倍になり、数名にすぎなかった国会議員は約六十名、地方議員は二千八百名以上になった[145]」

と、六一年綱領以降、自民党が支持率を下げ、共産党が躍進していることに胸を張っています。

四〇年間トップに

一九七五年十二月に連載が開始された立花隆の『日本共産党の研究』や翌年一月の民社党委員長の春日一幸発言などによって、宮本のリンチ事件を巡る論争が再燃します。

しかし、こうしたことも宮本の地位を脅かすことにはなりませんでした。宮本は、五〇年問題やソ連・中国からの干渉などを乗り越え、四〇年間にわたって日本共産党のトップの座を占めます。

宮本は、五〇歳を目前にした一九五八年八月の第七回党大会で書記長、七〇年七月の第一一回党大会で委員長、七三歳になった八二年七月の第一六回党大会で中央委員会議長に就任。一九九七年（平成九年）九月、第二一回党大会で議長を引退し名誉議長に退くまでの四〇年間、共産党に君臨し、国会や地方議会、様々な団体に日本共産党と共産主義を浸透させ、今日の日本共産党の礎を築きました。

宮本の提唱した敵の出方論と自主独立路線、民主主義革命から社会主義革命への移行、そのための統一戦線と国会で過半数を占める多数者革命と統一戦線政府、君主制を廃止し人民共和国政府をつくるなどの革命路線は今も継承されています。

他方、宮本体制の下、志賀義雄、袴田里見、野坂参三など多くの同志たちが除名になったことから、宮本独裁とも呼ばれます。過去のリンチ事件や出所の疑念など光と影をあわせ持つ宮本は、二〇〇七年七月十八日、老衰のため、革命に一生を奉げた波乱に満ちた人生を閉じます。享年九八でした。

宮本は、若者向けの講演「なんによって青春は輝くか」で、高校や大学時代に『空想から科学へ』、『家族、私有財産および国家の起源』などを読んだことを紹介し、

「なんによって青春は輝くかという点について、私は、それは知的めざめ、これである[146]」

と述べています。東京郊外の日本共産党活動家の共同墓地には、

「不屈の戦士ここに眠る」

と大きな岩の墓碑に力強い筆跡で書かれています。宮本が揮毫したものです。八王子駅からバスで三〇分ほど揺られると、都会の喧騒を離れた深い緑の中に霊園が佇み、小高い丘の頂に墓碑が山々を背景に聳えています。

宮本の揮毫した威風堂々たる墓碑を眺めていると、欧米のような保守主義政党と共産主義を排除した社会主義政党の二大政党制が本当に実現できるのか不安を禁じ得ません。

3 不破哲三の物語

校長の息子

ここでは、宮本の次に委員長を務めた不破哲三の生涯を辿ります。不破の執筆した膨大な書籍や論文のうち、『不破哲三 時代の証言』[147]（以降は『時代の証言』と略す）、『道ひとすじ——不破哲三とともに生きる』[148]（上田七加子）、『新・日本共産党綱領を読む』[149]などをもとに、その足跡を紹介します。ちなみに不破哲三はペンネームで、本名は上田建二郎です。

一九三〇年（昭和五年）一月二十六日、不破は、東京・野方町（現在の中野区野方）に上田庄三郎、鶴恵夫妻の次男として誕生しました。庄三郎は、高知県で小学校の校長をしていましたが、落成式での「学校は子どもたちの最大の自由は認められ、最大の創造心を培う殿堂であらねばならない」という演説が引き金となり、退職を勧告されます。校長を辞した庄三郎は上京し、左翼の教育運動などに参加するとともに、教育評論家として活躍します。

一九三六年四月、不破は、東京府中野区立野方小学校に入学しました。家は貧しかったが本はたくさんあり、小学時代から冒険ものや時代物の小説を書いたといいます。読書好きの早熟な少年であったといえます。

父子共に文章を書く才に恵まれていたのか、ある日、不破は父と一緒に人気作家の吉川英治の家を訪れます。一時間ほど話した後、吉川から「二〇歳になって、まだ書く気があったら、どうぞまたいらっしゃい」と言われたといいます。

一九四二年四月、旧制府立第六中学校に入学します。当時は軍艦マニアで、自転車で本屋をまわり軍艦の掲載されている雑誌を集めていたほどでした。中学生にして当時、一高に在籍していた兄の『解析概論』の微積分の集合論を面白く読んだということから、文才に加え理数系の才能も群を抜いて秀でていたといえます。東大を首席で出たという岸信介などと同様、英才の政治家といえます。

入党

戦争が終わり、一九四六年四月、不破は旧制第一高等学校に入学します。父の庄三郎は再刊された『赤旗』第一号からの読者で、書斎にはクロポトキンの著作や『共産党宣言』など共産主義関係の本がありました。兄の上田耕一郎は戦時中に一高に進学し、マルクスに傾倒していました。なお、一高の担任は後に東大教授になる前田陽一で、後年、「学習院の時に現天皇を、一高で不破を、二人のプリンスを教えた」と語っています。不破は、後にマスコミから「代々木のプリンス」と呼ばれます。

不破哲三（1930年-）

　こうした環境から、入党はごく自然な流れでした。一九四七年一月十三日、誕生日直前の一六歳で共産党に入党。「一高細胞の一員となった」と自身記しています[150]。共産党に入党した理由は、「戦争に反対し、獄中で頑張り抜いた党があったことに衝撃を受けた」ということです。

　一高では、ガリ版刷りの細胞新聞「自由の柏」を発行しています。その頃の気持ちを彼は「誇らしい気持ちはあったし、将来は職業革命家になると思い込んでいた」と回想しています。一方で先輩からは「拷問、大丈夫か」と心配されたそうです。すでに共産党内のリンチ事件は、多くの人に知られていました。

東大理学部入学

一九四九年四月、不破は、東京大学理学部物理学科に入学しました。この年の一月に行われた衆議院選挙で共産党が四議席から三五議席に大躍進したことはすでに述べた通りです。

十二月に、一九歳の不破は、一歳年上の七加子と結婚します。学生結婚でした。七加子の父、後町一布は、諏訪から東京に出てきて台東区の御徒町で海苔屋を営んでいました。七加子は、「私が共産党に入ったのは四八年の七月、第三高女の専攻科三年生だったときです[151]」と記しています。

東大物理学教室の建物は三階建てで、不破は一階の自治会室に通い『坩堝』という東大細胞理学部班の新聞を売って歩き、「東大の党組織はみんなが職業革命家候補のような顔で天下国家を論じていた」と語っています。共産党規約にある「細胞」は、東大に広く浸透していたのです。

一九五〇年一月、コミンフォルム機関紙の日本共産党批判を発端に五〇年問題が起き、党は分裂します。不破たちの東大細胞は、党分裂以降、宮本たちがつくった「全国統一委員会」のもとで活動していましたが、主流派である徳田・野坂派の「再建東大細胞」に吸収されてしまいます。当時、自治会副委員長だった不破は、「レッドパージ反対集会」に関係したことから一年で解除されますが無期停学の処分を受けています。「五〇年問題」について不破は、『時代の証言』の中で「党が健全な体制を確立するまでには、一九五八年の第七回党大会までなお八年の歳月がかかったのでした」と語っています。

一九五二年十月、衆議院選挙で共産党は議席ゼロとなります。

卒業即労働組合書記に

一九五三年三月、東大を卒業し、日本鉄鋼産業労働組合連合会（鉄鋼労連）に入り、本部書記として一一年働きます。妻の七加子は、大田区労働組合連合会に勤務していました。鉄鋼労連は総評加盟の労組で港区にあり、家主は合化労連（合成化学産業労働組合連合会）で二階建ての建物に五つの団体が入っていました。

総評は、占領軍が共産主義を排除した組合を育てようとした組織でしたが、後に「鶏がアヒルになった」といわれるように、不破は「どこの企業にも共産党のかなり大きな組織があった」「レッドパージの嵐が吹き荒れましたが、共産党の組織や党員を徹底して排除することはできなかった」と振り返っています。首相の吉田茂が『回想十年』で「共産主義者を絶対に容認する能わざる所以のものは、特にその思想や信条を問題にしたからではない。問題は常にその行動にある。特にその破壊活動にあったのである[152]」と述べていたように、日本ではレッドパージは徹底して行われなかったことが分かります。

「不破哲三」の誕生

一九五三年秋、不破は、日本共産党の理論誌『前衛』に論文「民族解放民主革命の理論的基礎」を発表しました。ここで共産党の路線は「発達した資本主義国における民族的・民主的革命とするのが一番合理的」だと述べています。六一年綱領の民主主義革命に近い革命論です。この時、執筆者名が鉄鋼労連・上田建二郎では具合が悪いので、実家近くの不破建設の争議に妻が応援に行っていたことから「不破」を苗字に、「鉄」をもじって「哲三」にしました。この時「不破哲三」が生まれたのです。

一九五〇年代から刊行されていたマルクス＝エンゲルス全集やレーニン全集を通読した不破の論文は、「新しい理論家が現れた」と絶賛されました。しかし、徳田の武装闘争の方針と合わず、翌月号で「党の路線に反する論文」と批判されます。

一九五五年七月、第六回全国協議会（六全協）が開催され、五一年綱領の武力革命必然論は誤りとされ、不破はようやく「五〇年問題」が解決されたと感じます。

一九五八年七月、第七回党大会が一一年ぶりに開催され、議長に野坂参三、書記長に宮本顕治を選出します。

一九六一年七月、第八回党大会が開催され、六一年綱領を採択し、現在の綱領につながる敵の出方論や民主主義革命路線を打ち出します。この年の末頃、不破は、兄の上田耕一郎と同様に雑誌などに党の綱領や革命に関する論文を書いていたことから、「党中央に政治研究室をつくるので非常勤でいいから部員にならないか」と誘いがかかり、兄と一緒に週一回の会合に参加します。

若き主筆

一九六四年三月、不破は、共産党本部から「政策委員会をつくるから、党本部で仕事をしないか」と誘われ、兄とともに「党専従、職業革命家としての生活を始めた」と語っています。党本部に入ると宮本から「これからは『赤旗』の『主張』を書いてもらいたい」と言われました。わずか三四歳の時に、新聞の看板ともいうべき「主張」の執筆を頼まれたことになります。

不破の『日本共産党史を語る』によれば、政策委員会が「政策活動に本腰をいれたのは、一九六五年ごろからだったと思います」と語り、一九六五年の東京都議選の選挙で「都民のための経済政策の根本方針」と「汚職と腐敗を一掃する共産党の政策」を掲げ、二議席から九議席に大躍進したと記しています[153]。政策委員会は、自治体の議会や行政問題、身近な問題から都市政策まで検討し、日本共産党の地方議会で議席を伸長させていく原動力になりました。不破は、「政策論争が最近の選挙の様子を見るにつけ、私たちが取り組んだことが選挙戦の様相を変えることにつながった」と、政策委員会の活動が議席増につながったと語っています。

初当選

一九六八年五月、報道各社有志による「共産党記者クラブ」が誕生しました。同年八月、不破は北朝鮮の訪問団に参加した折、平壌の迎賓館で宮本からいきなり「次の参院選にでてもらうつもりだ」と告げられます。ところが、三年後の参院選ではなく翌年の衆院選で、隅田、江東、荒川の東京六区から出馬することになります。六七年の衆院選で東京六区の共産党候補は落選してしまい、その後任に不破が急遽、候補者になります。

不破は下町行脚を続け、六九年十二月の衆院選で当選。自民党は二八八議席の大勝、社会党は九〇議席と惨敗、共産党は五議席から一四議席に二〇年ぶりに躍進しました。六九年（昭和四四年）の初当選組はのちに「花の四四年組」と呼ばれます。綿貫民輔、小沢一郎、羽田孜、横路孝弘、土井たか子と錚々たるメンバーです。

一四議席獲得したことで共産党の国会での質問時間は大幅に増えました。翌年二月、不破は衆院予算委員会で首相の佐藤栄作に、公明党と創価学会、核の持ち込みに関する日米共同声明について論戦を挑んでいます。

一九七〇年七月、第一一回党大会が開催されました。これまでの野坂参三議長、宮本顕治書記長という議長・書記長体制を議長・委員長・書記局長体制に規約を改訂し、議長に野坂、委員長に宮本、新たに不破が書記局長に選出されます。四〇歳という若さで新局長に選ばれたことで、「代々木のプリンス」ともいわれます。不破の『時代の証言』によると、この人事について「共産党の国会活動の比重が大きくなったことが、第一一回党大会での人事の背景の一つにあった[154]」と述べています。

不破は書記局長に就任後、一〇人くらいの書記局が常時集まり、国会から選挙、党の組織活動など党務全般を担当することになります。そのため不破は、書記局長の仕事は何かと聞かれると、

「党にかかわる森羅万象」

と答えています。

一九七二年の総選挙では、共産党は躍進し三八議席を獲得。社会党に次ぐ野党第二党になります。そのため国会の総括質疑が三時間に増えました。不破は、質問時間をフルに使い、その時々の首相と丁々発止の論戦を繰り広げます。一九七四年には田中角栄と論戦し、アメリカの原子力潜水艦の放射能調査を行う日本分析化学研究所の放射能調査の捏造《ねつぞう》をつきとめました。これがきっかけで分析化研は業務停止になります。

さらに福田赳夫にはトヨタ自動車の「かんばん方式」を取り上げながら大企業と下請けの関係を、大平正芳には「ナショナルの工場労働の実態」などを追及しています。当時を振り返り不破は、「質問していて一番面白かったのは、田中角栄」と語っています。

八〇年代の仲間外れ

一九八〇年一月、社会党と公明党で「連合政権についての合意」を取り決め、日本共産党を政権協議の対象にしないことにします。前年の公明党と民社党で合意した中道連合政権構想と同様の共産党排除の原則を受け入れた内容で、二月の総評臨時大会では社公合意の支持を表明しました。

八〇年代は、七〇年代の革新共闘から一転して「共産党排除の時代」に入ったのです。不破から見れば「社公合意により、革新統一戦線を目標にした時代は終わりを告げ、『共産党を除くオール与党体制』と呼ぶ時代が始まった」ということになります。

この前年、一九七九年末のソ連のアフガニスタン侵攻は、国際社会での共産主義国ソ連への不信を高めるものでした。そんな情勢を受けて、不破は、ソ連の覇権主義の解明にとりかかり、『赤旗』に「スターリンと大国主義」と題して一九八二年から連載を始めます。ここでスターリン批判を展開したのです。さらに不破は、スターリン研究の成果を取りまとめた『スターリン秘史——巨悪の成立と展開』を刊行します。

不破は、党書記局長になってから遊説などで地方に行く機会が増え、最初は家族への土産に地方のお菓子などを買っていましたが、一九七〇年代の終わりから土人形になりました。デパートの飛驒高山展で歌舞伎の土人形を妻が見て気に入ったのが始まりで、土人形収集が趣味になったと述べています。

一九八二年七月十五日、党創立六〇周年を迎え、二十七日から第一六回党大会が開催されました。野坂参三を名誉議長に、宮本を議長、不破を委員長、書記局長に金子満広を選出します。

一九八四年九月、ベトナムを訪問し、チュオン・チン政治局員にベトナムのカンボジア出兵について不破は、

「ソ連のアフガン問題とカンボジア問題は、本質的性格が違う。ポル・ポトはベトナム南部への侵略行動を繰り返してきた。国内で国民大虐殺という暴挙をやった」

と、アフガン問題とカンボジア問題は違うと述べています。

十一月、不破はキューバを訪れます。カストロ議長にソ連のアフガン侵攻を支持する理由を訊ねると、

「社会主義国として担う十字架だ」

との答えが返ってきたと、『時代の証言』で回想しています。

一九八七年四月の統一地方選挙の最中、不破は心臓発作で入院し、副委員長の村上弘

が委員長代行に就任します。心臓は完治し、一年後の八九年六月に委員長に復帰します。八九年七月、参議院選挙が行われ、自民党に対し社会党は土井たか子を党首に「マドンナ旋風」「土井ブーム」が巻き起こり、「消費税、リクルート、宇野首相の女性スキャンダル、オレンジ自由化」を追い風に、参院の自民党議席を過半数割れに追い込みます。土井は、「山は動いた」と流行語となった台詞を述べます。しかし、社会党は、一九九一年の統一地方選挙で大敗し土井は辞任し、一九九三年の総選挙で議席を半減させ、その後、回復することなく少数党への道を辿ることになります。

一九八九年六月、天安門事件、十一月にはベルリンの壁崩壊、一九九一年十二月、ソビエト連邦が崩壊し、九〇年代は、「共産主義の時代は終わった」といわれる時代になります。ソ連や東欧諸国で共産主義国が消滅する中、日本共産党は衆院選で、一九九三年は一五議席、九六年は二六議席、二〇〇〇年は二〇議席と安定した議席を獲得します。

綱領の見直し

二〇〇〇年代に入り不破は、党綱領の改定にも取り組みます。二〇〇四年一月、約四〇年ぶりに綱領全体の見直しを行いました。この綱領については、次章で詳しく述べます。

不破の『時代の証言』によれば、苦労した点の一つは、天皇制の問題であったといいます。これまでの綱領では「君主制の廃止」を不可欠の任務としていたがこれは誤認だとしました。「『天皇』という制度の是非は、将来の国民の選択に委ねることにしました[155]」と述べています。

分かり難いので、天皇制について不破の『新・日本共産党綱領を読む』から解説にあたるところを紹介すると、

「綱領でも述べているように、私たちは、日本の将来の発展の方向としては、天皇の制度のない、民主共和制を目標とする立場に立っています」

「私たちも、当然、天皇の制度と共存してゆくことになります。その共存の基準は、憲法の条項であって、なかでも『国政に関する権能を有しない』という条項を厳格に守ることが、とくに重要な意味をもっています」

要するに、即時撤廃までは求めないが、最終的には天皇制のない国を目ざしているということです。

次に、これまで共産主義社会の低い段階を「社会主義」、高い段階を「共産主義」と

してきた考え方を見直し、二〇〇四年綱領は「資本主義を乗り越え、社会主義・共産主義の社会への前進をはかる社会主義的変革が、課題となる」としています。社会主義、共産主義の区別をやめたということです。

不破の改定したこの二〇〇四年綱領は、現在も引き継がれています。戦後、日本共産党は、徳田、宮本、不破と綱領の大改定を行い、途切れることなく日本共産党の歴史を繋いできました。不破は、二〇〇六年の第二四回党大会で議長を引退し、共産党社会科学研究所長に就任し、現在も論客として健筆を揮《ふる》っています。

不破は、『時代の証言』の中で、

「一度、『マルクスと『資本論』――再生産論と恐慌』（新日本出版社、二〇〇三年）という本を書いて、この問題への挑戦を試みたのですが、自分でも十分納得できるところまでは進めませんでした。……理論の研究には切りがありません[156]」

と、研究者としての謙虚さを語っています。このような不破に対し妻の七加子は、

「数年前、『やっと資本論が掌にのってきた』と呟いていましたけれど、六〇年も勉強してきて、なお、これからがはじまりだと不破は言うのです[157]」

と、不破の理論研究に対する不屈の姿勢に賛辞を送っています。

日本共産党の歴史は、苦難の歴史であるのは事実でしょう。そこに彼らは誇りを持っています。国内の弾圧、海外からの干渉、野党からの排除……あらゆる試練を乗り越えてきた、というのが彼らの歴史観です。

このような日本共産党の歴史を不破は、こう総括しています。

「日本共産党の歴史は、たんなる諸事件の連続ではなく、科学的社会主義の思想と運動が日本に根をおろし、さまざまな苦難や曲折をへながら、私たちが活動している今日の地点まで発展してきた歴史だということです[158]」

苦難の歴史は、科学的社会主義の思想が日本に根を下ろす歴史であったと自信を示しています。共産党の歴史や理論は、無謬であるかのように述べています。

しかし、先に述べたように多くの学者が、マルクスの史的唯物論や労働価値説、剰余価値論は科学的根拠がないなど、共産主義の誤りや矛盾点を指摘しています。

イギリス労働党やドイツ社民党などが加盟する社会主義インターナショナルの『オスロ宣言』は、

「共産主義は単なる社会的、政治的、また経済的制度ではなく、自己の唱えるところが絶対的に正しいと主張し、かつ全世界に拡大せんと懸命になっている一連の教義である[159]」

と述べています。筆坂は自著の『日本共産党』で、「日本共産党の選挙総括で特徴的なのは、『共産党の方針・政策や党中央の指導は、いつでも正しい』ということだ」と日本共産党の無謬性を批判しています。同時に、「何をやっても『共産党だけは正しい』という姿勢では、幅広い共同などありえない[160]」と述べています。自己の論は絶対に正しいと主張するのは、世界中の共産党の特徴のようです。

ここで日本共産党を委員長として率いている志位和夫の略歴について、志位のホームページなどをもとに簡単に辿ってみましょう。

志位は、一九五四年七月二十九日、千葉県四街道市に生まれます。「和夫の『和』は、平和な世界をという願い」から付けられました。両親とも共産党員で小学校の教員。父は船橋市の市議会議員もつとめています。六〇年安保闘争の時は、父の肩車に乗ってデモ行進に参加したということです。高校時代は、作曲家になりたいと本気で考え、ピアノ、バイオリン、作曲を習っています。

一九七九年、東京大学工学部物理工学科を卒業。共産党委員長を務めた宮本、不破、志位と全員東大卒です。志位は大学一年の時に共産党に入党し、党活動と学生運動に熱中し、卒業後は共産党に勤務します。

一九九〇年、第一九回党大会の後、中央委員会で三五歳という若さで書記局長に選ばれます。三年後の総選挙で衆議院議員に当選。不破は四〇歳で書記局長に就任しましたが、志位はそれ以上のスピード出世と言えます。

二〇〇〇年の第二二回党大会で委員長に就任。不破が二〇〇六年に議長を退任し、志位は委員長として党を牽引しています。

二〇一七年一月、第二七回党大会で志位は、

「『共産党を除く』という『壁』が崩壊した」

「戦後の日本政治で初めて……自民党政治を本格的に転換する野党連合政権をつくる可能性が生まれている」[161]

と報告しています。不破の後を引き継いだ志位は、自公政権に代わる共産党主導の野党連合政権の樹立を視野に入れているのです。

第五章　二〇〇四年綱領を読む

1「一　戦前の日本社会と日本共産党」

この章では、現在の日本共産党綱領である二〇〇四年綱領を見ていきます。

党の綱領は、「党活動の目標、および根本方針を明らかにするもの[162]」「綱領はいわば政党の憲法[163]」といわれるように、党の目標や最も基本的な方針・政策を示すものです。

この章は、〇四年綱領を不破が執筆した『新・日本共産党綱領を読む[164]』、『報告集日本共産党綱領[165]』、『科学的社会主義を学ぶ[166]』、『議会の多数を得ての革命[167]』などを参考にして見ていきます。

〇四年綱領の全体像は、

一　戦前の日本社会と日本共産党

二　現在の日本社会の特質
三　世界情勢――二〇世紀から二一世紀へ
四　民主主義革命と民主連合政府
五　社会主義・共産主義の社会をめざして

と、五つの章から成り立っています。この〇四年綱領を理解すれば、現在の共産党の基本的考え方を理解できます。ここでは、日本共産党ホームページに掲載されている〇四年綱領（二〇〇四年一月十七日第二三回党大会で改定）を用いて見ていきます。不破は「綱領改定の報告」の中で「一　戦前の日本社会と日本共産党」から「第一章何々」と、第一章、第二章、……と「章」と呼称して報告しています。不破に倣って、各章を順次見ていきましょう。

〇四年綱領の第一章は「戦前の日本社会と日本共産党」と題して、冒頭、

日本共産党は、わが国の進歩と変革の伝統を受けつぎ、日本と世界の人民の解放闘争の高まりのなかで、一九二二年七月一五日、科学的社会主義を理論的な基礎とする政党として、創立された。

と、日本で一番古い政党であることに胸を張っています。

科学的社会主義について不破は、『科学的社会主義を学ぶ』で次のように解説しています。まず、社会主義について、「『社会主義』というのは、一口に言えば、私たちの『未来社会』論です。今日の社会形態である資本主義社会をのりこえて、もっと新しい、より高度でより合理的な、人間にとってより豊かなすばらしい社会をつくる、これが私たちの目標です。この未来社会が社会主義あるいは共産主義の社会と呼ばれてきたのです」と述べています。

さらに不破は、「科学的社会主義というのは、空想的社会主義に対応する言葉」で、一八世紀末のフランス革命の頃、未来社会を主観的願望として描いた思想家の「フランス人のサン＝シモンとフーリエ、イギリス人のオーエンの三人」が「『空想的社会主義』の代表者」と解説しています[168]。

六一年綱領では、「科学的社会主義であるマルクス・レーニン主義の思想を、わが国の人民大衆のあいだにひろげるためにたたかってきた」と記述していましたが、マルクス・レーニン主義は用いず、科学的社会主義に統一しています。続いて綱領は、戦前の日本社会や皇室について次のように記しています。

当時の日本は、世界の主要な独占資本主義国の一つになってはいたが、国を統治する全権限を天皇が握る専制政治（絶対主義的天皇制）がしかれ、国民から権利と自由を奪うとともに、農村では重い小作料で耕作農民をしめつける半封建的な地主制度が支配し、独占資本主義も労働者の無権利と過酷な搾取を特徴としていた。……

日本帝国主義は、一九三一年、中国の東北部への侵略戦争を、一九三七年には中国への全面侵略戦争を開始して、第二次世界大戦に道を開く最初の侵略国家となった。

戦前の日本を天皇の専制政治で国民の権利や自由はなく、農村は半封建社会、労働者は無権利で過酷な搾取を受けていた時代と見ます。司馬遼太郎の『坂の上の雲』が描いた日本、議会制民主主義や政党政治を打ち立て、若者が欧米列強に追い付こうと目を輝かせている国と全く違います。

不破は、「マルクスは、人類社会の発展を、原始社会から出発し、三つの段階の搾取社会（奴隷制、封建制、資本主義）を経て、より高度な段階での社会主義・共産主義の社会（これが社会の第五番目の型）に前進する」と説明し、「日本は、……四つの社会体制を順序正しく経験してきた……将来の五つ目の体制についても、二一世紀にぜひそこへ足をふみいれる時代を開きたい」と、マルクスの史的唯物論を日本史に重ねていま す[169]。

次に、搾取、抑圧されている人々を解放するために共産党がしてきたことを説きます。

党は、この状況を打破して、まず平和で民主的な日本をつくりあげる民主主義革命を実現することを当面の任務とし、ついで社会主義革命に進むという方針のもとに活動した。

党は、日本国民を無権利状態においてきた天皇制の専制支配を倒し、主権在民、国民の自由と人権をかちとるためにたたかった。

このことを〇四年綱領の大会報告ではこうも表現しています。

「世界の資本主義諸国のなかでも、もっとも野蛮な抑圧のもとにあった戦前の日本社会で、いかなる搾取も抑圧もない未来社会の建設をめざし、天皇制国家の専制支配と侵略戦争に反対して、平和と民主主義のために勇敢にたたかいぬいた不屈の記録であります[170]」

つまり、戦前、日本共産党が闘ったことについて、共産党は「平和と民主主義のためのたたかい」だと捉えているわけです。ただし、第三者の目は異なります。前述のように立花隆は「この時代の共産党は〝武装共産党〟と呼ばれるようになった」と記しています。

2「二　現在の日本社会の特質」

第二章は、戦後の日本について日本共産党はどう見ているかを記述しています。第二章の冒頭、第二次世界大戦後の日本について、次のように記しています。

第一は、日本が、独立国としての地位を失い、アメリカへの事実上の従属国の立場になったことである。

共産党綱領は、戦後の日本は独立国でなくアメリカの従属国になったと捉えます。なぜか。不破の『新・日本共産党綱領を読む』によれば、戦後の占領期を二つの時期に区別し、次のように解説しています。

「一九四五〜四六年には、占領体制やポツダム政令は、……民主的な仕組みを日本に持ち込む役割を果たしました」

日本占領の当初の二年間は、民主化に貢献したと評価します。ところが、それ以降の占領政策はこう批判します。

「一九四七年以後には、占領体制やポツダム政令は、……日本をアメリカの世界戦略の道具――『反共の防壁』・アジアの前線基地――に変えるための手段に変わりました。その背景にあるのは、……アメリカの帝国主義的要求でした[171]」

続いて、サンフランシスコ講和条約と日米安全保障条約についても次のように批判します。

一九五一年に締結されたサンフランシスコ平和条約と日米安保条約では、……アメリカの世界戦略の半永久的な前線基地という役割を日本に押しつけた。日米安保条約は一九六〇年に改定されたが、……日本をアメリカの戦争にまきこむ対米従属的な軍事同盟条約に改悪・強化したものであった。

戦後奇跡的な復興を遂げた日本経済についても綱領は否定的です。

わが国は、高度に発達した資本主義国でありながら、国土や軍事などの重要な部分をアメリカに握られた事実上の従属国となっている。……

日本独占資本主義と日本政府は、アメリカの目したの同盟者としての役割を、軍事、外交、経済のあらゆる面で積極的、能動的に果たしつつ、アメリカの世界戦略に日本をより深く結びつける形で、自分自身の海外での活動を拡大しようとしている。

六一年綱領と同様、アメリカ帝国主義に従属し、独立国になっていないと捉えているのです。

3　「三　世界情勢──二〇世紀から二一世紀へ」

第三章の世界情勢は、六一年綱領を大きく書き換えています。六一年綱領の世界情勢論は、アメリカなどの資本主義体制は衰退し、ソ連などの社会主義陣営は世界史の主流になると予測していました。しかし実際は、ソ連は崩壊してしまいました。そこで〇四年綱領は、ソ連とロシア革命について、

資本主義が世界を支配する唯一の体制とされた時代は、一九一七年にロシアで起こった十月社会主義革命を画期として、過去のものとなった。

と述べています。このレーニンが指導した社会主義革命については、

レーニンが指導した最初の段階においては、おくれた社会経済状態からの出発という制約にもかかわらず、また、少なくない試行錯誤をともないながら、真剣に社会主義をめざす一連の積極的努力が記録された。

と評価しています。ところが、

レーニン死後、スターリンをはじめとする歴代指導部は、社会主義の原則を投げ捨てて、対外的には、他民族への侵略と抑圧という覇権主義の道、国内的には、国民から自由と民主主義を奪い、勤労人民を抑圧する官僚主義・専制主義の道を進んだ。

と、スターリン以降のソ連を覇権主義であったと批判します。そのためソ連の崩壊については残念がるのでなく、逆に歓迎しています。

ソ連覇権主義という歴史的な巨悪の崩壊は、大局的な視野で見れば、世界の革命運動の健全な発展への新しい可能性を開く意義をもった。

アメリカについてはもちろん批判的です。

アメリカは、「世界の警察官」と自認することによって、アメリカ中心の国際秩序と世界支配をめざすその野望を正当化しようとしているが、……あからさまな覇権主義、帝国主義の政策と行動である。

いま、アメリカ帝国主義は、世界の平和と安全、諸国民の主権と独立にとって最大の脅威となっている。

帝国主義、覇権主義と徹底的に批判しています。このアメリカ帝国主義批判は、五一年綱領以来変わっていません。このような世界情勢のもとに綱領は、

帝国主義・資本主義を乗り越え、社会主義に前進することは、大局的には歴史の不可避的な発展方向である。

と、資本主義の次に社会主義が到来するのは不可避であると、弁証法的歴史観に自信を示しています。

4「四　民主主義革命と民主連合政府」

民主主義革命は、資本主義の枠内で対米従属支配と日本独占資本による横暴な支配を断ち切る革命です。この民主主義革命を実行する政府が「民主連合政府」です。綱領では、この民主連合政府をつくる手順を次のように示しています。

　日本共産党と統一戦線の勢力が、国民多数の支持を得て、国会で安定した過半数を占めるならば、統一戦線の政府・民主連合政府をつくることができる。

民主連合政府は、先に紹介したように「多数者革命」という考え方を基本にしています。綱領では、「国民多数の支持を得て、国会で安定した過半数を占める」と規定しています。レーニンは『国家と革命』で「ブルジョア国家からプロレタリア国家への転換は暴力革命抜きでは不可能である」と暴力革命必然論を述べていました。これとは異なる立場です。

この点について不破は『議会の多数を得ての革命』[172]の中で、レーニンの時代には、マルクス、エンゲルスの著作の全てが公刊されていないので、レーニンは誤って暴力革命必然論を述べてしまったのだ、と解説しています。そして実際は、エンゲルスの一八四七年に執筆した論稿「共産主義の諸原理」に多数者革命が提言されていると述べています。

○四年綱領は、民主主義革命を実現する民主的改革の具体的内容を三分野に分け明示しています。各分野の主な内容を列記すると、以下の通りです。

1. 国の独立・安全保障・外交の分野で

・日米安保条約を廃棄し、アメリカ軍とその軍事基地を撤退させ、対等な日米友好条約を結ぶ。

・主権回復後は、いかなる軍事同盟にも参加せず、非同盟諸国会議に参加する。

・自衛隊については、国民の合意での憲法第九条の完全実施（自衛隊の解消）に向かっての前進をはかる。

2. 憲法と民主主義の分野で

・現行憲法の全条項をまもり、平和的民主的諸条項の完全実施をめざす。

・反対党を含む複数政党制、政権交代制は堅持する。
・天皇条項については、憲法の条項と精神からの逸脱を是正する。一人の個人が世襲で象徴となる現制度は、民主主義と人間の平等の原則と両立するものでなく、民主共和制を実現すべき立場に立つ。天皇制の存廃は、将来、情勢が熟したときに、国民の総意によって解決すべき。

3．経済的民主主義の分野で
・大企業にたいする民主的規制を主な手段として、横暴な経済支配をおさえる。
・民主的規制を通じて、労働者や消費者、中小企業と地域経済、環境にたいする社会的責任を大企業に果たさせる。

以上のように民主的改革は、日米安保条約の破棄、米軍基地の撤退、自衛隊の解消、民主共和制の実現、大企業の民主的統制を主な内容としています。日米安保条約を破棄し、どうやってわが国を守るのか。そのプランは示していません。大企業を統制し、企業の国際競争力の向上と経済成長をどう実現し、税収をどう確保するのか。こちらも同様にプランはありません。

前章でも説明しましたが天皇制について不破は、「綱領でも述べているように、私たちは、日本の将来の発展の方向としては、天皇の制度のない、民主共和制を目標とする立場に立っています[173]」と、明確に天皇制を否定しています。

これらの共産党綱領の掲げる天皇制の廃止、自衛隊の解消、資本主義の否定などは、日本の歴史や文化、価値観などと断絶しています。アメリカのトランプ大統領による選挙戦について多くの有識者は、「国家の分断」と批判しながら日本の政治についての論評を避けていますが、実は共産主義を容認する民主連合政府が仮に誕生すれば、アメリカよりはるかに酷い「国家の分断」を招き、多くの国民が戸惑うことになるでしょう。

ここで、日本共産党の憲法に対する対応の変遷を簡単に振り返ってみましょう。

一九四六年六月、日本共産党は共和制のもとでの「日本共産党憲法草案（人民共和国憲法草案）」を発表し、国会では日本国憲法草案の採択に反対しました。反対した理由は、天皇制は主権在民と矛盾していること、吉田首相が日本に自衛権はないとの立場をとり、党はこれは日本の主権を危うくするものと批判したことが主な理由です[174]。

五一年綱領は、「天皇制の廃止と民主共和国の樹立」「リコール制を持つ一院制国会」など憲法改正が不可欠な政策を掲げていました。六一年綱領は、「天皇の地位についての条項など……『人民共和国憲法草案』の方向に反する反動的なものをのこしている」と日本国憲法の天皇条項を批判しています。

二〇〇四年綱領は、天皇制については「その存廃は、将来、情勢が熟したときに、国民の総意によって解決されるべきものである」と記しています。将来、憲法改正を行うかどうかは曖昧な表現です。共和制の導入や天皇制廃止を実施するなら憲法改正が必要です。

5「五　社会主義・共産主義の社会をめざして」

第五章は、六一年綱領を大きく変えた章です。

まず、社会主義、共産主義の二段階論を削除し、「社会主義・共産主義の社会」を未来社会としています。これまでの綱領は、次のように定義していました。

社会主義社会は共産主義社会の第一段階である。この段階においては、人による人のいっさいの搾取が根絶され、階級による社会の分裂は終わる。この社会主義日本では「能力におうじてはたらき、労働におうじて報酬をうける」原則が実現される。共産主義の高い段階では、「能力におうじてはたらき、必要におうじて生産物をうけとる」状態に到達する。こうして、国家権力が不必要になる共産主義社会が生まれる。

不破は、社会主義、共産主義の二段階論は「レーニンの解釈」でマルクスのものでない、「マルクスもエンゲルスも、未来社会を展望するさいに、特定の形態を固定する青写真主義的なやり方は、極力いましめていた」と述べ、「マルクスが……中心問題として求めたのは、……生産様式をどう変革するか、『生産手段の社会化』の問題であった」と述べています。社会主義・共産主義の青写真を示すのでなく、「生産手段の社会化」をどうやるかが最大の課題だと述べています[175]。

そこで綱領は、以下のように記します。

> 日本の社会発展の次の段階では、資本主義を乗り越え、社会主義・共産主義の社会への前進をはかる社会主義的変革が、課題となる。……発達した資本主義の国での社

会主義・共産主義への前進をめざす取り組みは、二一世紀の新しい世界史的な課題である。

社会主義・共産主義の社会、いわゆる未来社会については「世界史的な課題」と記し、具体的な内容は説明していません。次に、「生産手段の社会化」について、綱領は以下のように記しています。

社会主義的変革の中心は、主要な生産手段の所有・管理・運営を社会の手に移す生産手段の社会化である。社会化の対象となるのは生産手段だけで、生活手段については、この社会の発展のあらゆる段階を通じて、私有財産が保障される。……

生産手段の社会化は、その所有・管理・運営が、情勢と条件に応じて多様な形態をとりうるものであり、日本社会にふさわしい独自の形態の探究が重要であるが、生産者が主役という社会主義の原則を踏みはずしてはならない。「国有化」や「集団化」の看板で、生産者を抑圧する官僚専制の体制をつくりあげた旧ソ連の誤りは、絶対に再現させてはならない。

「生産手段の社会化」について不破は、「生産手段を、生産者の集団、あるいは生産者の集団を代表する資格をもつ社会の手に返す以外に、生産者と生産手段の一体性を回復する道はありません。これが、『生産手段の社会化』です[176]」と説明しています。しかしこうした考え方は経済学の常識からは外れたものです。生産手段が私有財産にならないためには、統制もしくは強制が必要になります。このような私有財産の制限に対しノーベル経済学賞を受賞したハイエクは、

「私有財産制は、財産を所有する者だけでなく、それを持たぬ者にとっても、最も重要な自由の保障であるということである。つまり、生産手段の管理が独立活動をする多数の人々に分割されているからこそ、誰も人々の運命を左右する完全な権力を持ちえないし、人々はそれぞれ自分がどうやっていくかを決定できる[177]」

と指摘しています。

それでは、「生産手段の社会化」が実現し社会主義的変革が達成したらどうなるのか。綱領は、次のように述べています。

社会主義・共産主義の社会がさらに高度な発展をとげ、搾取や抑圧を知らない世代が多数を占めるようになったとき、原則としていっさいの強制のない、国家権力そのものが不必要になる社会、人間による人間の搾取もなく、抑圧も戦争もない、真に平等で自由な人間関係からなる共同社会への本格的な展望が開かれる。

社会主義・共産主義の社会が高度に発展すると「国家権力が不必要となる」、つまり「国家死滅論」を示しています。このことについて不破は、「国家の死滅ということは、ルールなき社会、無政府的な社会になることではありません。国の権力によるルールの維持ではなく、ルールが自治的、自覚的に守られる社会に発展すること、これが私たちが将来の目標としている『国家権力そのものが不必要になる社会』なのです[178]」と『新・日本共産党綱領を読む』で説明しています。これはかなり普通の人にはイメージできない未来像かもしれません。

それでは社会主義・共産主義への道は、どのように実現するのか。綱領は、次のように述べています。

その出発点となるのは、社会主義・共産主義への前進を支持する国民多数の合意の形成であり、国会の安定した過半数を基礎として、社会主義をめざす権力がつくられることである。……

日本における社会主義への道は、多くの新しい諸問題を、日本国民の英知と創意によって解決しながら進む新たな挑戦と開拓の過程となる。

社会主義への道にある諸問題は「日本国民の英知と創意」で解決すると述べるだけで、具体的政策は示していません。最後に綱領は、次のように記しています。

日本共産党は、それぞれの段階で日本社会が必要とする変革の諸課題の遂行に努力をそそぎながら、二一世紀を、搾取も抑圧もない共同社会の建設に向かう人類史的な前進の世紀とすることをめざして、力をつくすものである。

日本共産党は、資本主義を乗り越えて、搾取も抑圧もない共同社会、つまり社会主義・共産主義社会を実現するため力を尽くすと、結んでいます。

以上が日本共産党の二〇〇四年綱領です。この綱領の基本的考え方を整理すると、

①日本共産党の歴史観は史的唯物論である
②戦後の日本は日米安保条約によってアメリカ帝国主義の従属国になっている
③日本の独占資本が労働者の搾取や横暴な支配を行っている
④アメリカ帝国主義と日本独占資本を倒して民主主義革命を行う
⑤民主連合政府による民主主義革命は多数者革命である
⑥次の段階は、資本主義を乗り越え社会主義・共産主義への前進をはかる社会主義的変革が課題となる
⑦社会主義的変革の中心は、生産手段の社会化である
⑧社会主義への道は、諸問題を日本国民の英知と創意によって解決しながら進む過程である

の八項目を挙げることができます。

かなり長くなりましたが、日本共産党の綱領をご理解いただけたと思います。共産主

義社会の到来は必然とする史的唯物論には無理があること、日米安保条約の破棄は日本の安全を危険に晒すこと、生産手段の社会化は日本経済に大きなダメージを与える危険があること、社会主義への道の具体像を示していないことなど、共産党綱領の危険性や問題点をご理解いただけたのではないでしょうか。

第六章　闘う民主主義への道

1　ドイツではなぜ共産党は違憲なのか

西ドイツの反省

本書の冒頭で、多くの国で共産党は違法の存在になっていることを『ニューヨーク・タイムズ』の調査をもとに指摘しました。なぜそうなっているのか。この疑問を端緒に民主主義のあり方を本章では考えていきます。

戦後、ドイツ連邦憲法裁判所がドイツ共産党（ＫＰＤ）を憲法違反とした判決に、共産主義・共産党理解の本質があります。ここではこの違憲判決をみなさんと辿ります。

ロシアの作家フョードル・ドストエフスキーは『カラマーゾフの兄弟』で、

「人間という者は、絶対的にあがめるにたる対象を求めているものだ」

と述べています。たとえば戦後教育を受けた我々日本人は、自由とか民主主義、国民主権というと無条件に正しいと信じています。
日本では、民主主義は間違わないと信じ安心していますが、時として暴走し全体主義、独裁国家が生まれる土壌があるのです。日本では戦前、大政翼賛会が誕生し、ドイツでは、反ユダヤ主義を掲げるヒトラーが政権をとっています。こうした歴史への反省から西ドイツでは、基本法にこう規定しています。

第二一条第二項　政党で、その目的または党員の行動が自由で民主的な基本秩序を侵害もしくは除去し、または、ドイツ連邦共和国の存立を危くすることを目指すものは、違憲である[179]。

基本法は、日本でいえば憲法にあたる法律です。つまり自由や民主主義を壊す政党、ドイツを危険にさらす政党は、憲法違反だとしたのです。この基本法をもとに、一九五一年、西ドイツ政府は、憲法裁判所にライヒ党は違憲であると提訴しました。ライヒ党は、反ユダヤ主義を掲げたナチスの後継政党で連邦議会に二議席有していました。五二年、憲法裁判所は、ライヒ党の解散、財産の没収、存続の禁止、議員資格の喪失を決定します。かつてのナチスのようにファシズムの危険があるとして違憲と判断したのです。

違憲の理由

この時、西ドイツ政府はライヒ党と同様にドイツ共産党も違憲であると憲法裁判所に提訴しました。ドイツ共産党は、一九四九年の選挙で一五議席を獲得していました。政府の訴えに対しドイツ共産党は抗弁書を提出し、

「政党を違憲とするには、自由・民主主義の基本秩序を侵害、排除しようとする意図だけでなく、刑法にふれるような行動がなければならない」

と主張しています。「自由民主主義の下では政治・結社の自由、思想・信条の自由は保障される」という日本ではお馴染みの論理です。しかし、憲法裁判所は、共産党の主張を退けました。その理由はこうです。

「具体的行動は必要でなく、政党の政治方針が自由・民主主義的基本秩序を克服しようとする意図が明らかであれば十分である。二一条二項の措置は、将来に対する配慮であり予防措置である」

憲法裁判所は、ドイツ共産党が憲法に違反していると判断したのです。理由の結論部分のみを列記すると、

①マルクス・レーニン主義を信奉していること
②プロレタリア革命の理論を掲げていること
③プロレタリア独裁の理論を掲げていること
④プロレタリア革命とプロレタリア独裁を信奉していること
⑤プロレタリア独裁の国家・社会像と自由・民主的基本秩序とは一致しないこと

となります。共産主義の誤りを丁寧に解説し、五年の歳月の後、憲法違反であるとの結論を導いたのです。一九五三年、ドイツ共産党の議席はゼロになりました。

京都大学名誉教授の阿部照哉の「ドイツ共産党違憲判決[180]」をもとにもう少し詳しく判決を見ていきましょう。まず、ドイツ共産党を憲法違反としたのは、マルクス・レーニン主義を信奉していることをあげています。判決は、

「歴史法則にのっとった発展を促進するためには、プロレタリアートを行動へと鼓舞しなければならないのである。その際指導的役割を果すのがマルクス・レーニン主義の党である。マルクシズムはドグマではなく、行動の指針なのである。弁証法的唯物論は、

……『理論と実践の統一』を強調する」

と述べ、「ドイツ共産党も理論と実践の分離はありえない」ことを憲法違反の理由としています。

次に、プロレタリア革命の理論を掲げていることを憲法違反としています。

「プロレタリア革命は、武装蜂起によるものであれ、平和的なものであれ、つねに『革命』であり、社会の国家指導が労働者階級の手に移行する。……すなわち労働者階級による権力の奪取であり、改良主義のように、資本主義、ブルジョアジーとのいかなる妥協、和解の余地もない」

プロレタリア革命理論そのものが違憲の理由に入っています。続いて、

「現実の国家権力はもっぱら労働者階級の手中にあるのであるから、この階級の党である共産党がこの国家での指導力であることはいうまでもない」

と、プロレタリア独裁によって議会主義が排除されることを違憲の理由に掲げています。また、共産党の議会外活動についても、

「共産主義のドクトリンから必然的に出てくる自由民主的秩序との衝突は議会外の活動についてもいえる。利益団体のような議会外の勢力が議員に働きかけるのは一様に許さ

れないことだとはいえないが、自由民主的秩序を徐々に克服し、空洞化して社会主義革命を準備するのに議会外の活動と動員をするのは民主的秩序と矛盾する」と、革命のため人々を動員する議会外活動も民主主義と矛盾すると述べています。

吉田茂との違い

このように、ドイツ憲法裁判所は、共産党を違憲とした理由に、マルクス・レーニン主義や史的唯物論を掲げていること、プロレタリア革命を掲げていること、国会の議場内、議場外の活動などを分析して、憲法違反としています。ここに共産主義・共産党理解の本質があると筆者は考えます。

吉田が共産党に対し、「問題は思想にあらず、行動にあり」と判断したことに、日本での対応の失敗の本質がありました。共産主義・共産党を考えるとは、吉田のように武装闘争を行ったかどうかという外面から判断するのでなく、自由・民主主義の問題だと共産主義の本質を考えるべきなのです。

一九五六年八月、最終判決が下され、ドイツ共産党は違憲であるとして解散させられました。ドイツ連邦憲法裁判所は、

①ドイツ共産党（ＫＰＤ）は違憲
②ＫＰＤの解散
③ＫＰＤの継続の禁止
④ＫＰＤの財産の国への没収
を決定します[181]。このようなドイツ連邦憲法裁判所の判断について阿部は、

「二一条二項は憲法の基本原理と矛盾するものではなく、自由・民主的国家秩序の限界問題を解決しようとする憲法政策の表現である。『闘う民主主義』にたいする信奉であり、この憲法上の決定は憲法裁判所をも拘束する[182]」

と解説しています。「闘う民主主義」とは、まえがきでも触れたように、いくら自由を尊重するといっても、自由や民主主義を否定する思想、行動は許さないという立場です。このように欧米では、「闘う民主主義」の立場から自由や民主主義を破壊する政党が生まれる危険性を憲法や法律に取り込んでいるのです。


筆者は長く政党の政務調査会に携わってきましたが、闘う民主主義を日本人が受け入れるには慶応大学教授の細谷が述べるように「空間的束縛」からの解放、つまり国際感覚が必要と感じます（第一章参照）。

2　山本勝市の『マルクシズムを中心として』を読む

改めて共産主義の誤りを考える

ここでは、これまで何度か触れてきたマルクスの史的唯物論など共産主義の誤りを復習の意味も込めて再確認します。

小泉純一郎内閣が行った「聖域なき構造改革」や「構造改革の加速化」など市場経済重視の構造改革論は、レーガンやサッチャーの新自由主義と同じ流れにあります。この新自由主義は、戦前のオーストリア学派のミーゼスなどを源流に、その後のノーベル経済学賞を受賞したハイエクやフリードマンなどに引き継がれてきました。

ミーゼスは、オーストリア学派を代表する研究者で、「オーストリアにおける当代最高の知性の持ち主」とまで呼ばれた人物です。一九四九年、ミーゼスは古典的名著となる『ヒューマン・アクション』を執筆しました。その中で共産主義は、

i．社会は全知全能の存在である

ii．社会主義の到来は不可避である

iii．歴史は、完成度の低い状態から高い状態へ進行し、社会主義の到来は望ましいの三つのドグマから成り立っていると述べています[183]。ミーゼスは、「経済学は手段に関するものであって、究極的目的に関するものでない」と述べ、マルクス経済学は科学ではないとしています。マルクスの教説は、科学ではなく「インスピレーション」であり、「啓示を人民に伝える予言者である」というのです。

山本勝市の慧眼

ミーゼスと同様の指摘を戦前からしていた日本人が、山本勝市です。山本は京都帝国大学経済学部を卒業後、文部省の研究員などを経て戦後政治家となりました。もともとはマルクス主義の信奉者だった山本ですが、驚くことに戦前に、すでにマルクスの理論や計画経済が科学足り得ないことを立証していました。山本とはどういう人物か。尾近裕幸の「山本勝市――自由主義の闘士[184]」と伊藤隆の「山本勝市についての覚書[185]」を参考に、山本の略歴を見ると次のようになります。

山本は一八九六年三月二十日、和歌山県東牟婁郡の山村に生まれます。ちなみに吉田茂は一八七八年、徳田球一は一八九四年、岸信介は一八九六年生まれで山本と同年です。

山本勝市（1896-1986年）

宮本顕治は、一九〇八年です。

一九二〇年に京都帝国大学経済学部に進学し、河上肇の『貧乏物語』に感動します。ここで河上に師事しマルクス主義者となり、河上の推薦で和歌山高等商業学校講師を務め、翌年教授となります。

一九二五年から二年半、山本は文部省派遣の在外研究員としてフランス、ドイツ、ロシアに留学しました。ここでの経験から彼はこれまで信じてきたマルクス主義・社会主義に失望します。

山本は、

「在仏中のフィジオクラート（重農主義）の研究は、社会主義との決別との契機になった」

「昭和二年の春、モスクワを訪ねたが何一つ魅力を感ぜしむるものはなかった」

と述べています。

一九三〇年春、ソ連の五カ年計画が成功したと報じられていた頃、山本はソ連のオストロヴィチャノフ、ゼニース教授、ドイツの経済学者ブルックスとハルムを訪ねたうえで、計画経済が不可能であることを『経済計算』で発表しています。

戦後、竹山道雄や福田恆存など多くの先人達が進歩的文化人を批判していますが、山本勝市の書を読むと、戦前から河上肇など容共的な進歩的文化人が日本の知識層に多くいたことが分かります。

四つの論点と間違い

留学して得た知見、さらに自身の分析をもとに山本は共産主義の誤りを体系的に解説した『マルクシズムを中心として――其の説明と批判』[186]を執筆し、一九三〇年に出版しました。この本は売れ行きがよく、山本は印税を留学資金にしています[187]。

その要点を紹介します。山本は、マルクス理論の①唯物史観、②産業予備軍（失業者）説、③産業集中（産業の寡占化）説、④剰余価値説についてその理論と誤りを非常に分かりやすく論証しています。

これ以降も小泉信三や河合栄治郎などによる、共産主義の誤謬を指摘した多くの書籍がありますが、共産主義の誤りの要点は山本のこの本一冊に網羅されています。それでは、山本の主張を見ていきましょう。

山本は、先ず史的唯物論を説明したうえで、その誤りを述べます。

マルクスの史的唯物論は、弁証法に従って、原始共産体、ギリシャ時代の奴隷制、その後、封建制度、現在の資本主義社会へと発展し、この発展の原動力は物質的生産力であると論じ、現在の資本主義社会は資本主義の反対物たる共産主義社会に必然的に至るという論です。

この史的唯物論は誤りであると、以下のように解説しています。

第一に、資本主義の次に共産社会が到来すると断定するのは独断であり、弁証法に従えば資本主義の反は非資本主義ですが、共産主義のみを非資本主義と断定する根拠がない。

第二に、マルクスは、人類の歴史は経済が真の土台で、法律、政治、宗教、道徳、文学などは上層建築に過ぎないと述べています。しかし、どちらが土台でどちらが上層建築と主従関係を付けることはできないし、「物質的生産力を神のごとき地位」にするのは科学ではなく独断である、と山本は述べます。

第三に、共産主義は、私有権と個人主義を排除していますが、これも科学的理論とは言えないと述べます。仮に歴史が、奴隷制、封建制、資本制と発展し、共産主義社会が訪れるとした時、奴隷制、封建制、資本制のもとでは私有権や生活責任の個人主義原理は共通の原理として存在しています。共産主義社会では生活上の責任が個人から社会に移り、私有財産制もなくなると主張していますが、なぜ劇的に消滅するのか科学的証明が必要なのにマルクスは証明していない、というのです。

第四に、奴隷制、封建制、資本制、共産制と発展するなら、共産制の次にも新たな社会が到来すると考えるのが普通です。しかし、マルクスは、共産主義社会の次に来る社会を示していません。

この四点から史的唯物論は間違いである、と山本の論理は実に明快です。

産業予備軍説の理論と誤り

マルクスとエンゲルスは、失業者を産業予備軍と呼んでいます。マルクスの『資本論』は、資本総額の増加に伴い機械使用が拡大し、可変資本つまり労働者の雇用は縮小し、産業予備軍つまり失業者は拡大し資本主義の致命傷になるという論です。「機械が失業者を作る」という論です。

山本は、この産業予備軍説の誤りを以下のように説明しています。

第一に、経済学は、事実を説明する学問でなければならない。一八世紀から一九世紀の産業革命で機械の発明が相次いだが、労働者は減少するどころか逆に急激に増加している。事実は、産業予備軍説とは逆である。つまり明らかにマルクスの失業者の理論が誤りであることを事実が証明していると指摘します。

第二に、日本の失業問題についても山本は説明しています。というのも、失業者の多さが、日本における共産主義者を増やしているという面があったからです。

第一次世界大戦の影響で日本は好景気になり学校さえ卒業すればビリでも就職できました。そこで文部省は、大正八年から官立高等学校を倍に、官立高等商業を三倍に増やし学卒者の供給は急増しました。ところが大正九年の恐慌で労働者の需要は、逆に激減してしまいます。つまり、失業者はマルクスの主張する機械化が原因でなく、需要供給の法則から失業者の増減があるというのが山本の分析です。

産業集中説の理論とその誤り

マルクスは『資本論』の中で、「一人の資本家が多くの資本家を打ち殺す」「資本主義的私有の臨終の鐘が鳴って、搾取者が搾取される」と述べています。このマルクスの論を要約すると、産業は少数の大資本家に集中し、社会は少数の資本家と無数の無産者の二大陣営に分裂し、階級闘争の結果、資本は少数の資本家から多数のプロレタリアに奪還され、資本主義社会は臨終をむかえ共産社会へ移行するという論です。

山本は、この産業集中説の誤りを以下のように解説しています。

第一に、農業、商業、工業の実態を見ると、集中の傾向は工業において見られ、商業が続き、農業には見られていない。商業においても、パリやロンドンの小売店がなくなることはないし、経済は成長するため実際はある企業の拡大が、直ちに他の企業の倒産につながっているわけではない、と説明しています。

第二に、株式の出現によってアメリカなど労働者も株式の保有が可能になっている。その結果、大資本家が増えるとともに小資本家も増えるため資本主義は崩壊しないことを明らかにし、マルクスの論は科学的厳密さを欠いていると述べます。

剰余価値説の理論と誤り

エンゲルスは、史的唯物論と剰余価値説が「マルクスの二大発見」と述べ、これにより社会主義は科学になったと胸を張っています。

マルクスの「労働価値説」は、「商品の価値を構成する実質は人間の労働であり、商品の生産に必要とする労働の分量で定まる」という定義です。剰余価値説は、この労働価値説を土台に作られています。この説の過ちについてはすでに述べましたが、山本の解説を見ておきましょう。

山本は、マルクスの労働価値説と剰余価値論の誤りを以下のように解説しています。まず、マルクスの労働価値説では、例えば小麦と鉄を交換する場合、小麦何グラムに対し鉄何グラムと一定の比率で取引されることになる。しかし、実際に取引が行われるのは、小麦より鉄が欲しいから小麦に換えて鉄と交換するので、買う人にとって有利と思うから、需要と供給の関係で交換が成立するにすぎない。商品の価値を労働のみに置くのは誤りで、商品の価値は労働量とは関係なく需要と供給で決まる。労働価値説は間違っていると考えるべきである。そして剰余価値説と搾取論は、誤った労働価値説から導き出されているのだから、つまり、剰余価値論も搾取論も全てが誤りということになる。

それでもマルクスの論を信じるという行為について山本は、「科学とは無関係な盲目的信仰」であると述べています。

批判の否定は科学の否定

同時に山本は、当時の共産主義者の学問に対する姿勢についても記しています。共産主義者は、山本のような経済学者が事実を検証し、ファクト・チェックに基づき共産主義の誤りを指摘し批判すると、「経済学者は金持階級の立場から物を眺めるからだ」と、理論的根拠なくただ否定してきました。共産主義者のこの態度は、「批判の否定は、科学の否定」であると、オーストリア学派のミーゼスと同じ指摘をしています。

慶應義塾大学塾長を務めた小泉信三も『マルクス死後五十年』、『共産主義批判の常識』で共産主義に対して山本と同様に誤りを指摘しています。筆者も拙著『共産主義の誤謬[188]』で、河合栄治郎、小泉信三、ハイエク、カール・ポパーなどの指摘を紹介しています。

山本の『マルクシズムを中心として』以降の歩みも紹介しておきましょう。

一九三九年、山本は『計画経済の根本問題』を公刊し、東京商科大学より経済学博士の学位を得ました。戦後、山本が衆議院議員になったきっかけは、鳩山一郎がこの書に感嘆、賛同したからです。

一九四〇年、日本が戦争に引き込まれ統制経済を進める「経済新体制運動」が経済政策の柱になる中、山本は戦時統制経済を批判する『計画経済批判』を出版します。当然ながら政府の方針である統制経済を真正面から批判する書であり、たちまち絶版を命じられます。山本は、共産主義、統制経済という左右の全体主義を批判し、検事の取り調べを受け不起訴になったものの職を追われました。

戦後は衆議院議員に当選しますが公職追放となり、追放解除の後、鳩山と共に衆議院議員として活躍します。山本は、「自由な社会を守るには何にもまして自己責任の原則を維持することが必要[189]」など、終生、自立心を忘れ安易に国家に頼ることは隷属の道につながると警鐘を鳴らします。政界引退後は自民党中央政治大学院学監として後進の指導に当たり、一九八六年、波乱の人生を閉じます。

晩年、山本は、

「私は半世紀のながい間、社会主義的計画思想から、自然で自由な我が経済社会を守るための〝たたかい〟の文章を書きつづけてきた[190]」

と回想しています。「たたかい」の文章を書きつづけたという山本の覚悟は、欧米の闘う民主主義を髣髴させます。山本は権力や論壇の空気に迎合したり、影響されたりすることなく、論理的、科学的な視点から共産主義を否定しました。その論理は発表から八〇年以上経った今もなお説得力に満ちています。

3 民主主義を守るために

比例目標八五〇万票と野党連合政権の脅威

二〇一八年十月十四日、日本共産党委員長の志位は、第五回中央委員会総会で翌年の参議院選挙について、こう述べました。

「自民・公明とその補完勢力を少数に追い込むことを、わが党としての参院選の目標として確認しました」

「それをやりきるカギは二つです。一つは、市民と野党の『本気の共闘』の成功です」

「いま一つは、日本共産党の躍進であります。その軸となるのは、『八五〇万票、一五％以上』の比例目標をやりぬき、比例で七人以上の当選をかちとることです」

「『共闘勝利プラス共産躍進』によって、自公とその補完勢力を参議院で少数に追い込む。そうなれば、衆参の間に『ねじれ』をつくりだし、政局の主導権を野党が握ることができます。野党が主導して解散・総選挙に追い込み、衆議院でも自公とその補完勢力を少数に転落させ、野党連合政権に道を開く[191]」

志位の述べる野党連合政権は、戦後の片山内閣や細川内閣、民主党の鳩山内閣と違い共産党が含まれていることに決定的な違いがあります。低いとはいえ、可能性はゼロではありません。共産党が政権を獲る可能性があることが、日本の民主主義の脆弱さです。野党連合政権、共産主義政権の誕生は、イギリスの保守党と労働党で繰り広げられる二大政党制による政権交代ではなく、資本主義や自衛隊の否定は国家の分断であり、やがては共産主義革命につながるのです。

野党共闘のプラスとマイナス

ここでちょっと、志位のいう野党共闘が国政選挙にどのような影響を与えたかを見てみましょう。

野党と共産党との共闘は、二〇一四年の「オール沖縄」、二〇一五年の「戦争法反対」、二〇一六年の「安保法制廃止、立憲主義回復」、二〇一八年の沖縄知事選と着実に共闘体制がつくられていています。

そこで共産党と野党共闘が比例票にどのような影響を与えているか調べると、二〇一六年の参院選は六〇一万票で二〇一三年の選挙より八六万票増えていますが、選挙区の獲得議席を減らしているため全体の議席は減っています。また、二〇一七年の衆院選は四四〇万票で、政策が近い立憲民主党の誕生が影響しているのか明確にはわかりませんが、二〇一四年の選挙より一六六万票減らしています。野党共闘は、共産党にとってプラスの側面とマイナスの側面の両面の影響を与えていますが、マイナス面が強く出る傾向にあります。

それでも志位は、市民と野党の「本気の共闘」をやろうと述べています。仮に野党が議席を増やしたとしても、立憲民主党が躍進し共産党が比例票と議席を減らす可能性もあります。また、第一章でも触れましたが、過去、野党が強いと共産党は議席を減らす傾向があり、野党と共産党の議席数は反比例の関係にあります。

歴史を抹殺する共産党

日本と違い欧米では、多くの研究者が共産党と共産主義の誤りを論証し続けています。例えば、アジア・ソサエティ米中関係センター・ディレクターのオービル・シェルは、論稿「消し去られた中国共産党の歴史──共産党は歴史をいかに抹殺したか[192]」の中で、「中国共産党の指導者だった毛沢東の『永久革命』論は、数千万もの民衆の生活を破壊した。……残忍な大衆運動が作り出す波状的なうねりのなかで、考えられぬ規模の人々が殺されるか、『労働改造所』に送られ、破滅へと追い込まれた」

と、毛沢東の史実を語っています。中国共産党が「歴史的記憶の抹殺」を行っていることについて、中国反体制派の天体物理学者・方励之が、

「目的は、歴史、特に中国共産党自身の真の歴史を社会からみえなくし、忘れさせることだ」

と述べていることを紹介しています。さらに、歴史を抹殺するため、

「二〇一六年には民法が改正され、知識人や活動家は口を閉ざすようになった」

「中国政府はテクノロジーを利用して、国内でやってきた検閲体制を対外的にも密かに適用している」

と実態を報告しています。さらに、先進国の共通の価値観である人権について、

「中国共産党に言わせれば、欧米が主張する民主主義や人権といった普遍的価値観は、中国の権威主義的一党支配を傷つけるために（欧米が）押し付けているものにすぎな

い」

と記しています。

このように共産党や共産主義の誤りや悲劇について、事実や史実に基づいて論証しています。加えて、なぜ二〇世紀の歴史において、誤った共産主義が大きな地位を占めてしまったのかなどの研究も行われています。例えば、共産主義が広まった理由について国際政治学者のズビグネフ・ブレジンスキーは、『大いなる失敗[193]』において、「教義の『極度の単純化』が時代に合っていたからだといえよう。あらゆる悪の根源が私有財産制度にあるとした共産主義は、財産を共有することで真に公正な社会が、したがって人間性の完成が、達成できると仮定した。この考え方は何百万人もの心をとらえ、かれらに期待を抱かせた」

「特に恵まれない人々に魅力的だったのは、『人民の敵』、すなわちこれまで物質的に豊かだった階級に対する暴力を正当化したことであった」

「共産主義は、……わかりやすい思想体系であり、過去および未来への独特な洞察を備えているように見えた。これが、新しい知識人グループの、もっと世界を理解したいという欲望に応えた」

「共産主義は、単純な人々も教養ある人々も、同じように引きつけた」と解説しています。その結果、ソ連では、

「スターリン時代の犠牲者の数は、詳細にはわからないだろうが、二〇〇〇万人をくだらず、おそらくは四〇〇〇万人に近いと見積もっていいだろう」

と、悲惨な実態を述べています。共産党が歴史を抹殺するのは、このような共産主義に内在する暴力性と歴史の悲惨さが底流にあるのです。

政党は民主主義の門番

自由で民主的な社会を作る上で、共産主義、あるいは共産党は本当に社会に対して有意義な視点を与えてくれる存在なのか。ここまでお読みいただいた方には答えは明らかでしょう。

欧米ではすでに一定の結論が出されています。ブレジンスキーは、「共産党政権の権威は残虐な弾圧政策で保たれている」と指摘し、

「二〇世紀、人類は共産主義と遭遇し、大きな被害を受けた。……この基本的教訓からも、二一世紀を治めるのは、共産主義ではなく民主主義であることが予想できる[194]」

と述べています。二一世紀の様々な課題を克服できるのは、共産主義でなく民主主義であると断じています。

しかし、民主主義を国民が選択しても民主主義には、選挙によって民主主義を「死」へと追いやる危険性が常にあります。そのため先に述べたようにドイツ憲法裁判所は、共産党やナチスのような政党を違憲としているのです。このように「闘う民主主義」が、「民主主義の死」から守っているのです。

レビッキーとジブラットは、『民主主義の死に方[195]』で民主主義を守るには、

「過激主義者を封じ込めるためには一般市民の力も大切になる。しかしもっと重要なのは、政治エリート（とくに政党）がフィルターとして機能できるかどうかだ。つまるところ、政党こそが民主主義の門番なのである」

と述べています。加えて、「憲法だけを頼りに将来の独裁者から民主主義を護り抜くことはできない」と述べ、こう続けます。

「民主主義には明文化されたルール（憲法）があるし、審判（裁判所）もいる。しかし、それらがもっともうまく機能し、もっとも長く生き残るのは、明文化された憲法が独自の不文律によって強く支えられている国だ。このようなルールや規範は民主主義の柔ら

かいガードレールとして役に立ち、政治の世界の日々の競争が無秩序な対立に成り果てることを防いでくれる」

民主主義が永続するには、ルールや規範などの柔らかいガードレールが必要と説いているのです。この論に反しロシア革命は、皇帝や家族を処刑し、ロシア正教を否定するなど歴史や文化、価値観を否定しています。マルクスが、「法律、道徳、宗教は、ブルジョア的な偏見にほかならない」と述べているように、革命は歴史や文化、道徳を捨て去ってしまいます。

民主主義を守る共通の行動規範、つまりレビツキーとジブラットが述べている「ガードレール」を取り除いてしまったため、中国やソ連は民主主義を死に追いやり独裁国家へ走ったと言えます。民主主義を永続させるには、政党が民主主義の門番として機能し、民主的な憲法を支えるガードレールが必要なのです。

そのため先に述べたように、ミーゼスやハイエク、山本勝市や河合栄治郎など内外の多くの先人たちが、民主主義のガードレールが壊れないようマルクス・レーニン主義や全体主義と闘ってきたのです。

民主主義を高めるために

戦時下、左右の全体主義と闘い東大を追われた河合栄治郎は、亡くなる四年前、「学生に与う[196]」を執筆し、

「自己詭弁の学説は、結局我々の内心の要求を圧伏しえないが為に、……人格の成長を阻止することである。我々は此の一例を曾てのマルクス主義者に実験することが出来るだろう」

と、マルクス主義を自己詭弁の学説と断じています。終生、自由や民主主義を守るため共産主義や全体主義と闘い続け、

「教養とは有閑人の安易な閑事業ではない、それこそ雄々しいが然し惨《いた》ましい人生の戦いである」

「かくて教養は人生に於ける戦いである」

との箴言を遺言のように我々に遺しています。山本勝市も「自然で自由な我が経済社会を守るための〝たたかい〟の文章を書きつづけてきた」と回想しています。真の教養は、河合や山本の足跡を見ると机上の空論ではなく、自由や民主主義を守るための「人生における戦い」に高まるようです。

多くの国民が真剣に民主主義と共産主義について考えるなら、元駐日米国大使のライシャワーが指摘するように、「他国民との共同体意識をもつ日本人」へと生まれ変わるきっかけになります。欧米のように民主主義は独裁政治に走る危険があることを自覚し、共産主義を卒業する必要があります。そのための日本の苦悩の歴史が、やがては闘う民主主義に脱皮し、様々な政策課題について世界と共通感覚で考え、解決できる国民、国家へと進展し、やがては国際社会からより信頼される国家に向かうでしょう。

多元的な政策形成過程と建設的な論議が生まれ、言論界に活気があふれ、さらには保守主義政党と共産主義を排除した社会主義政党による二大政党制が生まれる可能性に繋がります。

共産主義、共産党を考え、批判することは、日本の民主主義を考え、高めることなのです。私たちは内在する民主主義の死に向かう危険から、民主主義を守り続けなければならないのです。

筆者の師でもある東京都立大学名誉教授であった関嘉彦は、自由や民主主義を守るため、

「時と場合によっては生命を賭してでも、それら価値の擁護のため闘う覚悟をもつことが必要である」

と説いています[197]。山本勝市や河合栄治郎と同じように凛とした関を見ていると、教養とは単なる知識を超えて、祖国や人類の自由や民主主義を守る闘いに昇華するように感じられます。

冷戦が終わり、東欧ではスターリニズムの悲劇的な体験が解凍し、世界規模で新たな歴史が作られつつあります。ブレジンスキーは、「(共産主義は)二〇世紀のもっとも異常な政治・思想上の脱線現象として記憶されるにすぎないだろう[198]」と総括しています。

共産主義や共産党批判には勇気が必要です。そんな中、河合栄治郎、小泉信三、竹山道雄、関嘉彦、山本勝市、佐野学など多くの先人たちが共産主義を批判し、左右の全体主義と闘ってきました。私たちがこれらの先人たちの意志を受け継ぐことが、日本の自由、民主主義を守り高めることに繋がります。

筆者は長年、政党で政策の立案に携わってきましたが、民主主義を高めるには自然科学、社会科学、人文科学がバランスよく考慮され、国家の様々な分野で現実的な政策提言が行える体制が必要です。自社五五年体制以降、実際に議論を聞き時には参加してきましたが、進歩的文化人の間で憲法改正反対、非武装中立論のようなデータを根拠としないファクト・チェックのない情緒的な議論、批判だけの批判が横行し、残念ながら社会科学の健全な発展や政策形成過程の多元化を阻んできました。

国際政治学者の高坂正堯は、「国家は、力の体系であり利益の体系であると同時に、価値の体系でもある」と述べています。力の体系は軍事力、利益の体系は経済力でしょう。価値の体系は、「われわれは自分の欲する行動をとって生活している。しかし、それが社会に混乱をもたらさず、多くの人とのつながりを保っていくことができるのは、そこに共通の行動様式と価値体系という目に見えない糸が、われわれを結びつけているからなのである[199]」と説明しています。

戦後、進歩的文化人が主張してきた自衛隊廃止、日米安保条約解消、社会主義的計画経済、天皇制廃止などは、国家の存続に不可欠な力の体系、利益の体系、価値の体系を崩壊させる危険性を内包しています。このことが、社会党の衰亡や今なお政権交代可能な二大政党制が定着できずにいる要因にもなっています。

その国の民主主義の強さの根因は、欧米のシンクタンクや大学（院）に見られるように、多元的で柔軟な参加型の政策形成過程が保障されていることにあります。共産主義のような「上からの演繹」、民主集中制のような多元性を排除した意思決定体制では、かつてのソ連のような息苦しい独裁国家へと導かれてしまいます。

政党は、民主主義の門番であり、公的責務があり、国民のものであって所属議員や党員だけの私的なものではありません。事実、議員は、公職選挙法などの法に基づいて国民の代表として選ばれています。加えて、「歴史は過去の政治にして、政治は現在の歴史なり[200]」と歴史家の山路愛山が述べるように、政治はその国の歴史に深く作用します。そのためにも、政党や議員は、国民に開かれた議論を行い、全体主義に走らず、その国の自由と民主主義を高める責務があります。

微力ながら本書によって、困難ではあっても共産主義は是か非かを真剣に考え、共産主義という決定論、独善的イデオロギーから脱し、科学的知見、客観的データをもとに国会やジャーナリズム、大学など様々な分野で建設的な論戦や提言が行われ、日本の民主主義が世界から信頼される民主主義、政党政治へと高まる一助になれば幸いです。

最後に本書は、新潮社の後藤裕二編集長の識見と鞭撻によってどうにか脱稿することができました。深く感謝の意を表します。また、ご指導頂いた新潮社の池葉英樹、新潮新書の門文子の両氏、編集部や校正の方々、アドバイスを頂いた方々に対し謝意を表します。

併せて、今は亡き左右の全体主義と闘ってきた関嘉彦、山本勝市、河合栄治郎など諸先輩、先人達に敬意と感謝の意を捧げます。

二〇一九年一月

福冨　健一

■参考文献

〈8頁〉
1 『徳田球一全集　第五巻』徳田球一　五月書房　一九八六年　二八四頁
2 『民社党と社会主義インター』民社党本部教宣局　一九七七年　六二頁
〈はじめに〉
3 『大いなる失敗』ズビグネフ・ブレジンスキー　伊藤憲一訳　飛鳥新社　一九八九年　三一六頁
4 『大いなる失敗』ズビグネフ・ブレジンスキー　伊藤憲一訳　飛鳥新社　一九八九年　四〇頁、三一八頁
5 「National Day for the Victims of Communism」November 7, 2017 www.whitehouse.gov
「ドナルド・トランプNEWS」www.trumpnewsjapan.info/2017/11/09
6 『日本社会党――その組織と衰亡の歴史』岡田一郎　新時代社　二〇〇五年　一七〇頁
7 『民主主義の死に方――二極化する政治が招く独裁への道』スティーブン・レビツキー、ダニエル・ジブラット
濱野大道訳　新潮社　二〇一八年　一九頁
8 『地方公共団体の議会の議員及び長の所属党派別人員調等（平成二十九年十二月三十一日現在）』総務省　平成三十年三月三十日
〈第一章〉
9 『世界の憲法集［第四版］』阿部照哉、畑博行編　有信堂高文社　二〇〇九年　二八五頁
10 『世界の憲法集［第四版］』阿部照哉、畑博行編　有信堂高文社　二〇〇九年　二二六頁
11 『米英の共産党政策』北岡寿逸　自由アジア社　一九五五年　一八～四〇頁

12 『大いなる失敗』ズビグネフ・ブレジンスキー　伊藤憲一訳　飛鳥新社　一九八九年　三六二～三六三頁
13 『マオ　誰も知らなかった毛沢東』（上）ユン・チアン、ジョン・ハリデイ　土屋京子訳　講談社　二〇〇五年　二〇頁
14 『共産主義黒書〈ソ連篇〉』ステファヌ・クルトワ、ニコラ・ヴェルト　外川継男訳　筑摩書房　二〇一六年　一九頁
15 「Le PCF doit-il changer de nom ou de dirigeants?」2017.6.26 Mediapart.fr website
16 『革新幻想の戦後史（下）』竹内洋　中央公論新社　二〇一五年　七一～七六頁
17 『知られざる日本占領――ウィロビー回顧録』C・A・ウィロビー　延禎監修　番町書房　一九七三年　一四六頁
18 『回想十年』第二巻　吉田茂　新潮社　一九五七年　二六四頁
19 『知られざる日本占領――ウィロビー回顧録』C・A・ウィロビー　延禎監修　番町書房　一九七三年　一五四頁
20 『自主独立とは何か　後編』細谷雄一　新潮社　二〇一八年　一〇四頁
21 『日本社会党――その組織と衰亡の歴史』岡田一郎　新時代社　二〇〇五年　二一〇頁
22 『現代日本人のイデオロギー』蒲島郁夫　竹中佳彦　東京大学出版会　一九九六年　三四頁
23 『西洋政治思想史』宇野重規　有斐閣　二〇一三年　一三六頁
24 『保守主義とは何か』ヒュー・セシル　栄田卓弘訳　早稲田大学出版部　一九七九年　二八頁
25 『保守主義とは何か――反フランス革命から現代日本まで』宇野重規　中央公論新社　二〇一六年
26 『自主独立とは何か　後編』細谷雄一　新潮社　二〇一八年　一二四～一二五頁

27 『回想十年』第二巻　吉田茂　新潮社　一九五七年　二七五頁
28 『回想十年』第二巻　吉田茂　新潮社　一九五七年　二七七頁
29 Foreign relations of the United States, 1950. East Asia and the Pacific Volume Ⅵ pp.1204-1205
30 『戦後日米関係の形成』五十嵐武士　講談社　一九九五年　一四七頁
31 『回想十年』第二巻　吉田茂　新潮社　一九五七年　二六九頁、二七七～二七八頁
32 『ライシャワーの日本史』エドウィン・O・ライシャワー　國弘正雄訳　講談社学術文庫　二〇〇一年　四五七～四五八頁
33 『回想十年』第二巻　吉田茂　新潮社　一九五七年　二七五頁
34 『自主独立とは何か　前編』細谷雄一　新潮社　二〇一八年　一三頁
35 『資料　日本社会党四十年史』日本社会党結党四十周年記念出版刊行委員会　日本社会党中央本部　一九八五年
36 『しんぶん赤旗』二〇一七年一月十六日

〈第二章〉

37 『共産主義読本』「共産主義読本」編集委員会　日本共産党中央委員会出版部　一九六六年　三頁
38 『弁証法的唯物論と史的唯物論』スターリン　石堂清倫訳　国民文庫社　一九五三年　一一八～一三三頁
39 『資本論（一）』マルクス　エンゲルス編　向坂逸郎訳　岩波書店　一九六九年　一六頁
40 『マルクシズムを中心として――其の説明と批判』山本勝市　思想研究会　一九三〇年　一四八頁
41 『ヒューマン・アクション――人間行為の経済学』ルートヴィヒ・フォン・ミーゼス　村田稔雄訳　春秋社　一九九一年　七三五頁
42 『歴史と和解』黒沢文貴、イアン・ニッシュ編　東京大学出版会　二〇一一年　四一頁

43　『マルクス死後五十年』小泉信三　泉文堂　一九八七年　一四三頁
44　「コミンテルン第二回大会で承認された共産主義インターナショナルへの加入条件」『コミンテルン・ドキュメントⅠ』J・デグラス編著　荒畑寒村、大倉旭、救仁郷繁訳　現代思潮社　一九七七年　一四五〜一五〇頁
45　「共産主義インターナショナル執行委員会組織部によって起草された共産党の規約モデル（抜粋）」『コミンテルン・ドキュメントⅡ』J・デグラス編著　荒畑寒村、対馬忠行、救仁郷繁、石井桂訳　現代思潮社　一九七七年　一六五〜一七〇頁
46　『世界諸国の憲法集』木下太郎編　暁印書館　一九七八年　二七頁
47　『世界の憲法集［第四版］』阿部照哉　畑博行編　有信堂高文社　一九九一年　二四七頁
48　『日本共産党』筆坂秀世　新潮社　二〇〇六年　三〇頁
49　『日本共産党の七十年　上』日本共産党中央委員会　新日本出版社　一九九四年　二一〇頁
50　「第六回全国協議会の基本的意義」『宮本顕治著作集　第五巻』宮本顕治　新日本出版社　二〇一三年　一六頁
51　『日本共産党綱領を読む』不破哲三　新日本出版社　二〇〇一年　九三〜九五頁
52　『日本共産党』筆坂秀世　新潮社　二〇〇六年　八六頁、一〇二頁
53　「共産主義インターナショナル執行委員会組織部によって起草された共産党の規約モデル（抜粋）」『コミンテルン・ドキュメントⅡ』J・デグラス編著　荒畑寒村、対馬忠行、救仁郷繁、石井桂訳　現代思潮社　一九七七年　一六六頁
54　『日本共産党五〇年問題資料集（3）』日本共産党中央委員会　五〇年問題文献資料編集委員会　新日本出版社　一九五七年　二七六頁
55　『前衛』二〇一七年四月臨時増刊　五六頁

56 『全労連20年史』全国労働組合総連合編　大月書店　二〇〇九年
57 『コミンテルン・ドキュメントⅡ』J・デグラス編著　荒畑寒村、対島忠行、救仁郷繁、石井桂訳　現代思潮社　一九七七年　一六八頁
58 『日本共産党』筆坂秀世　新潮社　二〇〇六年　九六頁
59 『新版　増補　共産主義の系譜』猪木正道　KADOKAWA　二〇一八年　二〇七〜二〇八頁
60 『毛沢東側近回想録』師哲、李海文　劉俊南、横澤泰夫訳　新潮社　一九九五年　二四頁
61 『日本の政策決定過程』村川一郎　ぎょうせい　一九八五年　三〜六頁
62 「帝国議会および国会の立法統計」『レファレンス』平成二十二年十一月号　国立国会図書館調査及び立法考査局　古賀豪、桐原康栄、奥村牧人
63 『西洋政治思想史』宇野重規　有斐閣　二〇一三年　一六八頁
64 「民主体制を権威主義国家の攻撃からいかに守るか――モスクワの策略に立ち向かうには」ジョセフ・R・バイデン、マイケル・カーペンター『フォーリン・アフェアーズ・リポート　2018　NO．1』二〇一八年

〈第三章〉

65 『報告集　日本共産党綱領』不破哲三　日本共産党中央委員会出版局　二〇〇四年　一一頁
66 『日本共産党の研究（一）』立花隆　講談社　一九八三年　三八九頁
67 『佐野学著作集』第一巻　佐野学　佐野学著作集刊行会　一九五七年　一二〜一四頁
68 『日本共産党史を語る（上）』不破哲三　新日本出版社　二〇〇六年　八一頁
69 『歴史と和解』黒沢文貴、イアン・ニッシュ編　東京大学出版会　二〇一一年　四六頁
70 『太平洋戦争史』連合軍総司令部民間情報教育局資料提供　中屋健弌訳　高山書院　一九四六年

71 『事件は遠くなりにけり』土方成美　経済往来社　一九六五年　二六九頁
72 『日本共産党の六十年』日本共産党中央委員会出版局　一九八二年　一〇〇～一〇一頁
73 『日本共産党綱領問題文献集　上』政治問題研究会編　青木書店　一九五七年　二四～二九頁
74 『日本共産党綱領問題文献集　上』政治問題研究会編　青木書店　一九五七年　三二頁
75 『マッカーサーの政治改革』ジャスティン・ウィリアムズ　市雄貴、星健一訳　朝日新聞社　一九八九年　三七七頁
76 『日本占領と「敗戦革命」の危機』江崎道朗　PHP研究所　二〇一八年　一六三頁
77 『日本共産党史を語る（上）』不破哲三　新日本出版社　二〇〇六年　一四八頁
78 『朝日新聞』昭和二十五年五月三十一日
79 『日本共産党の五〇年問題について（増補改訂版）』日本共産党　新日本出版社　一九九四年　三一四～三二一頁
80 『日本共産党史を語る（上）』不破哲三　新日本出版社　二〇〇六年　二五二～二五三頁
81 『日本の暴力革命テキスト』田村隆治編著　新世紀社　一九六九年　一三九～一五一頁
82 『回想』警察庁警備局　一九七二年
83 『日本共産党の五〇年問題について（増補改訂版）』日本共産党　新日本出版社　一九九四年　八頁
84 『日本革命の展望』宮本顕治　新日本出版社　一九六八年　二一三頁
85 『古典研究　議会の多数を得ての革命』不破哲三　新日本出版社　二〇〇四年　九三～九五頁
86 『しんぶん赤旗』二〇一六年三月二十三日
87 『公明新聞』二〇一七年六月二十二日
88 『天鼓』春日一幸　民社党教宣局　一九八六年　二三四頁、三一〇頁

89 『日本共産党史を語る（下）』不破哲三　新日本出版社　二〇〇七年　八頁
90 『党綱領の力点』不破哲三　日本共産党中央委員会出版局　二〇一四年　一三七頁
91 『日本社会党——その組織と衰亡の歴史』岡田一郎　新時代社　二〇〇五年　一六〇〜一六一頁
92 『不破哲三　時代の証言』不破哲三　中央公論新社　二〇一一年　一三一頁
93 『しんぶん赤旗』二〇一六年六月十六日
94 「反革命宣言」『文化防衛論』三島由紀夫　筑摩書房　二〇〇六年　一一頁
95 『しんぶん赤旗』二〇一六年八月七日
96 『日本社会党——その組織と衰亡の歴史』岡田一郎　新時代社　二〇〇五年　一七〇頁
97 『日本共産党の六十年』日本共産党中央委員会出版局　一九八二年　四二八頁、五〇〇頁
98 『前衛』二〇一七年四月臨時増刊　五一頁
99 『朝日新聞』一九九八年二月二十八日
100 『日本社会党——その組織と衰亡の歴史』岡田一郎　新時代社　二〇〇五年　一三八頁
101 『日本共産党』筆坂秀世　新潮社　二〇〇六年　五四頁

〈第四章〉

102 『徳田球一全集　第五巻』徳田球一　五月書房　一九八六年
103 「獄中十八年」『徳田球一全集　第五巻』徳田球一　五月書房　一九八六年　二八五〜二八六頁
104 『新版　増補　共産主義の系譜』猪木正道　ＫＡＤＯＫＡＷＡ　二〇一八年　三八七〜三八八頁
105 『共産党員の修養について』劉少奇　共産党員の修養について翻訳委員会訳　新日本出版社　一九六四年　八頁
106 『徳田球一全集　第五巻』徳田球一　五月書房　一九八六年

107 『記念誌・徳田球一』『記念誌・徳田球一』編集委員会　徳田球一顕彰記念事業期成会　二〇〇〇年
108 『日本共産党の六十年』日本共産党中央委員会出版局　一九八二年
109 『わが回想』上下　片山潜　徳間書店　一九六七年
110 『共産党の進出をどう見るか』鍋山貞親　時局研究会
111 『日本共産党綱領文献集』日本共産党中央委員会出版局　一九七三年　一〇～一一頁
112 『東久邇日記──日本激動期の記録』東久邇稔彦　徳間書店　一九六八年　一〇六頁
113 『日本共産党の戦後秘史』兵本達吉　産経新聞出版　二〇〇五年　一六頁
114 『記念誌・徳田球一』『記念誌・徳田球一』編集委員会　徳田球一顕彰記念事業期成会　二〇〇〇年　四〇～四一頁
115 『私の結婚』『徳田球一全集　第五巻』徳田球一　五月書房　一九八六年　一〇〇～一〇二頁
116 『わたしたちの読書』『徳田球一全集　第五巻』徳田球一　五月書房　一九八六年　三八四～三八五頁
117 『日本共産党の五〇年問題について（増補改訂版）』日本共産党　新日本出版社　一九九四年　三八六～三九三頁
118 『宮本顕治著作集』第一巻～第十巻　宮本顕治　新日本出版社　二〇一二～一三年　三三二〇頁
119 『宮本顕治の半世紀譜　増補版』新日本出版社編集部編　新日本出版社　一九八八年
120 『宮本顕治青春論』宮本顕治　新日本出版社　一九八二年
121 『私自身の『昭和史』』宮本顕治　『週刊新潮』一九七五年一月二日号
122 『昨日の同志　宮本顕治へ』袴田里見　新潮社　一九七八年　一三八頁
123 『日本共産党の研究（一）』立花隆　講談社文庫　一九八三年　三九三～三九六頁

125 「私自身の『昭和史』」宮本顕治　『週刊新潮』一九七五年一月二日号　六一頁
126 『日本共産党の研究（三）』立花隆　講談社文庫　一九八三年　二一六頁
127 『昨日の同志 宮本顕治へ』袴田里見　新潮社　一九七八年　九六頁
128 「鉄の規律によって武装せよ！――党ボルシェヴィキ化のために」『宮本顕治著作集　第一巻』宮本顕治　新日本出版社　二〇一二年　三八五頁
129 『日本共産党の研究（三）』立花隆　講談社文庫　一九八三年　二五二頁、二六七頁
130 『昨日の同志 宮本顕治へ』袴田里見　新潮社　一九七八年　一四四頁
131 「天皇制批判について」『宮本顕治著作集　第三巻』宮本顕治　新日本出版社　二〇一二年　二一頁
132 『佐野学著作集　第一巻』佐野学著作集刊行会　一九五七年　一三頁
133 『イギリス憲政論』バジョット　小松春雄訳　中央公論新社　二〇一一年　一五頁
134 「民主戦線のために」『宮本顕治著作集　第三巻』宮本顕治　新日本出版社　二〇一二年　九六頁
135 「行動綱領改正について」『宮本顕治著作集　第三巻』宮本顕治　新日本出版社　二〇一二年　二二七～二二八頁
136 「共産党・労働者党情報局の『論評』の積極的意義」『宮本顕治著作集　第四巻』宮本顕治　新日本出版社　二〇一三年　三〇頁
137 『過激派集団の理論と実践』田代則春　立花書房　一九八五年　二頁
138 『過激派集団の理論と実践』田代則春　立花書房　一九八五年　二頁
139 『六〇年安保　センチメンタル・ジャーニー』西部邁　文藝春秋　二〇一八年　一〇頁
140 『81ヵ国共産党・労働者党代表者会議の声明と世界各国人民へのよびかけ』日本共産党中央委員会宣伝教育部　日本共産党中央委員会出版部　一九六一年　八頁、三八頁

141 『党綱領の理論上の突破点について』不破哲三　日本共産党中央委員会出版局　二〇〇五年　一一頁
142 「第八回党大会での綱領（草案）についての報告」『宮本顕治著作集　第五巻』宮本顕治　新日本出版社　二〇一三年　三四〇頁
143 『新・日本共産党綱領を読む』不破哲三　新日本出版社　二〇〇四年　一三頁
144 『日本共産党綱領文献集』日本共産党中央委員会出版局　一九九六年　一五六～一七三頁
145 「私自身の『昭和史』」宮本顕治　『週刊新潮』一九七五年一月二日号　七一頁
146 『宮本顕治　青春論』宮本顕治　新日本出版社　一九八二年　二二頁
147 『不破哲三　時代の証言』不破哲三　中央公論新社　二〇一一年
148 『道ひとすじ――不破哲三とともに生きる』上田七加子　中央公論新社　二〇一二年
149 『新・日本共産党綱領を読む』不破哲三　新日本出版社　二〇〇四年
150 『不破哲三　時代の証言』不破哲三　中央公論新社　二〇一一年　一七頁
151 『道ひとすじ――不破哲三とともに生きる』上田七加子　中央公論新社　二〇一二年　六一頁
152 『回想十年』第二巻　吉田茂　新潮社　一九五七年　二六九頁
153 『日本共産党史を語る（上）』不破哲三　新日本出版社　二〇〇六年　二七八～二八〇頁
154 『不破哲三　時代の証言』不破哲三　中央公論新社　二〇一一年　九九頁
155 『不破哲三　時代の証言』不破哲三　中央公論新社　二〇一一年　二一〇頁
156 『不破哲三　時代の証言』不破哲三　中央公論新社　二〇一一年　二二一頁
157 『道ひとすじ――不破哲三とともに生きる』上田七加子　中央公論新社　二〇一二年　二三一～二三二頁
158 『日本共産党史を語る（上）』不破哲三　新日本出版社　二〇〇六年　一六～一七頁